Achilles Andreae

Beitrag zur Kenntniss des Elsässer Tertiärs

Achilles Andreae

Beitrag zur Kenntniss des Elsässer Tertiärs

ISBN/EAN: 9783744624114

Hergestellt in Europa, USA, Kanada, Australien, Japan

Cover: Foto ©ninafisch / pixelio.de

Weitere Bücher finden Sie auf **www.hansebooks.com**

BEITRAG ZUR KENNTNISS
DES ELSÄSSER TERTIÄRS

DIE
ÄLTEREN TERTIÄRSCHICHTEN
IM ELSASS.

INAUGURALDISSERTATION,

DER

MATHEMATISCHEN UND NATURWISSENSCHAFTLICHEN FACULTÄT

DER KAISER-WILHELMS-UNIVERSITÄT STRASSBURG

ZUR ERLANGUNG DER DOCTORWÜRDE

VORGELEGT VON

A. ANDREAE.

Mit 3 lithographirten Tafeln.

STRASSBURG,
DRUCK VON R. SCHULTZ & Cie
(Berger-Levrault's Nachfolger).
1883.

Seinem hochverehrten Lehrer

Herrn Professor Dr. E. W. Benecke

zu Strassburg i. Els.

in Dankbarkeit gewidmet

vom Verfasser.

VORWORT.

Die Anregung zu der Bearbeitung des Tertiärs im Elsass erhielt ich durch Herrn Professor BENECKE, welcher mich auf dieses Gebiet, das ja längere Zeit hindurch brach gelegen hatte, hinwies. Dieser mein hochverehrter Lehrer verfolgte während der ganzen Zeit meine Arbeit mit reger Theilnahme und hat mich bei derselben in jedweder Hinsicht wohlwollend unterstützt. Das Material, welches meiner Arbeit als Grundlage dient, befindet sich, soweit ich es nicht besonders erwähnt habe, in der Strassburger Landessammlung. Dasselbe wurde zum grössten Theil auf meinen zahlreichen Excursionen im Elsass von mir selbst gesammelt. Die Arbeit ist in den Räumen der geologischen Landessammlung ausgeführt worden, welche mir auf das Liebenswürdigste von Herrn Professor COHEN zur Verfügung gestellt wurden; ich bin demselben daher zu allergrösstem Danke verpflichtet. Herrn Dr. O. BÖTTGER in Frankfurt a. M., meinem hochgeschätzten, früheren Lehrer und Freund, muss ich an dieser Stelle vor allem meinen Dank dafür aussprechen, dass er mir bei seiner gründlichen Kenntniss der Land- und Süsswasserschnecken, sowie des Mainzer Tertiärbeckens, mit seinem werthvollen Rathe beistand. Durch ihn erhielt ich ferner die Reuss'schen Originale zu der Abhandlung über die Foraminiferen des Septarienthones von Offenbach. Sowohl diese, wie auch das mir von Herrn Dr. STEINMANN freundlichst mitgetheilte Vergleichsmaterial, war mir in hohem Grade bei der Bestimmung der elsässer Foraminiferen nützlich. Ich darf deshalb nicht versäumen, auch letzterem Herren noch meinen besonderen Dank hier abzutragen.

III.   1

Bei meiner Arbeit war ich, soweit sich dieselbe auf die technisch wichtigen bitumenführenden Oligocänschichten bezieht, genöthigt, auf die in den Bergwerksakten gesammelten Erfahrungen zu recurriren. Auch hier wurde mir das bereitwilligste Entgegenkommen gezeigt. Herr Regierungsrath von ALBERT hatte nicht allein die Güte, mir die erforderlichen Pläne und Profile zur Verfügung zu stellen, sondern er gestattete mir auch, ihn auf einigen Excursionen in die wichtigsten Petroleumgebiete des Elsasses zu begleiten, wofür ich ihm stets dankbar sein werde.

A. Andreae.

I.

DER BUCHSWEILER-KALK

UND

GLEICHALTERIGE BILDUNGEN

AM OBERRHEIN.

DER BUCHSWEILER-KALK

UND

GLEICHALTERIGE BILDUNGEN AM OBERRHEIN.

Wichtigste Litteratur.

1762. Benninger. Oryctographia agri Buxovillani et vicinae.

1814. Calmelet. Description de la mine de lignite vitriolique et alu-
mineux du Mt. Bastberg et de l'usine de vitriol et d'alun
de Bouxviller. Journal des Mines, XXXVII, n° 220, pg. 239—256.

1822. Cuvier G. Recherches sur les ossements fossiles (Lophiodon v.
Buchsweiler).

1835. Duvernoy. Mém. de la Soc. du musée d'histoire nat. de Strasbourg.
(Lophiodon und Sus? von Buchsweiler.)

1839—64. Blainville. Ostéographie. (Lophiodon, Palaeotherium, Anoplotherium? und Arctomys von Buchsweiler angeführt.)

1852. Daubrée. Description géologique et minéralogique du Bas-Rhin,
pg. 191—203. (Ist namentlich massgebend für die Lagerungsverhältnisse.)

1870—75. Sandberger F. Die Land- und Süsswasser-Conchylien der
Vorwelt, pg. 221—235. (Ist grundlegend für die Fauna von
Buchsweiler.)

1. Geologische Verhältnisse.

Die Mitteleocän-Schichten, die ältesten tertiären Ablagerungen in unserem Gebiete, spielen im Elsass eine verhältnissmässig untergeordnete Rolle. Dieselben erscheinen niemals in

grossen zusammenhängenden Massen, obwohl sie durch die ganze Oberrhein-Ebene verbreitet sind. Sie bestehen durchweg aus Süsswasserablagerungen, welche zur Zeit der Bildung des marinen Grobkalkes im Pariser Becken, in kleinen und wie es scheint von einander gesonderten Seen zum Absatze gelangten. Dieselben treten uns als Mergel, pyritreiche Braunkohlen, Süsswasserkalke oder kalkige Sandsteine entgegen und sind durch das Leitfossil *Planorbis pseudammonius* SCHLOTH. sp. gekennzeichnet. Sie überlagern die jurassischen Schichten des Rheinthales und werden ihrerseits wiederum von oligocäner Molasse oder Diluvium bedeckt.

Das wichtigste Vorkommen der hierher gehörigen Schichten ist dasjenige am Grossen Bastberg bei Buchsweiler im Unter-Elsass (Eisenbahnstation zwischen Hagenau und Zabern). Wir wollen mit der Beschreibung desselben beginnen.

Die Lagerungsverhältnisse des Bastberges sind kurz folgende:

Ueber dem liegenden Dogger und Malm (Zone der *Rhynchonella varians* SCH. sp. und Zone des *Stephanoceras macrocephalum* SCH. sp.) zeigt sich zunächst ein Complex von thonigen, mergeligen, braunkohlenführenden Schichten, deren mittlere Mächtigkeit etwa 15 m beträgt. Hierauf ruht eine 5—20 m dicke Bank von Süsswasserkalk[1]. Derselbe ist hellgelb, zerklüftet, durch und durch erfüllt von Schneckensteinkernen und hat bei weitem die meisten von Buchsweiler stammenden Fossilien ge-

---

1. Ein theilweises Profil des Kalkes ist uns dadurch erhalten, dass HAMMER in einem Brief an CUVIER (Strasbourg, 8. messidor an 13) eine Beschreibung des Steinbruches, welcher jetzt verschüttet ist, gibt. Im Auszug etwa folgendes: Oben 1—2 Fuss Ackerboden, dann 3—5 Fuss schmutzig-hellgrauer, dichter und harter Kalk mit wenig Schnecken, alsdann 3—5 Fuss fossilreicher, brüchiger Kalk, zu unterst knochenführende Schicht mit verhältnissmässig wenig Schnecken. In CUVIER, *Recherches sur les oss. foss.* 1822, pg. 195.

liefert. Zuweilen wird der Kalkstein fleckig, oolithisch oder weich und kreideartig. In den obersten Lagen enthält er namentlich viele Exemplare von *Planorbis Chertieri* DESH. und *Nanina Voltzi* DESH. sp. Auf den Kalk folgt eine wenig mächtige Mergelschicht, welche die gewaltigen Conglomerate trägt, die im Gipfel des Grossen Bastberges (329 m) die ganze Gegend überragen.

Der Bergbau, welcher wesentlich zum Zwecke der Alaun- und Vitriolbereitung aus der ungemein pyritreichen, erdigen Braunkohle betrieben wurde, ist jetzt fast eingegangen.

Wir sehen uns daher genöthigt, die in früherer Zeit durch denselben erschlossenen Profile, welche in DAUBRÉE's Arbeit niedergelegt sind, hier anzuführen.

I. Allgemeines Profil des Tertiärs von Buchsweiler mit mittlerer Mächtigkeitsangabe:

1. Ackerboden . . . . 0,20 m.
2. Gelbe Mergel . . . . 3,00 m.
3. Süsswasserkalk . . . . 18,00 m.
4. Grüne Mergel mit zerdrückten Planorben und Limneen, sowie *Sphaerium (Caliculina) Castrense* NOUL., welche Art im Kalk fehlt. Er enthält eingeschaltete dünne Kalkbänke und geht nach obenhin in einen weisslichen, fossilfreien Mergel über . . . . 12,00 m.
5. Brauner Thon (von den Arbeitern Mulm genannt). . . . . 0,30 m.
6. Pyritreiche Braunkohle 0,50 bis . . . . 2,00 m.
7. Brauner Thon undurchlässig für Wasser (meist 0,30 m), darunter harte, sandige, weissliche, roth gefleckte Thone . . . . 1,50 m.
                                                  _____
                                                  37,00 m.

Die ganze Mächtigkeit, welche zuweilen auf 54 m steigt, beträgt durchschnittlich an 40 m.

II. Bohrung auf dem Bastberg im November 1844:

1. Ackerboden . . . . 0,25 m.
2. Gelbe Mergel . . . . 3,25 m.
3. Süsswasserkalk . . . . 4,50 m.
4. Weissliche Mergel, darunter der grüne Mergel und schliesslich die braunen Thone, welche sich stets im Hangenden der Braunkohle finden . . . . 6,00 m.
5. Braunkohle . . . . 1,00 m.

$$\overline{\qquad\qquad}$$
15,00 m.

III. Gleichzeitige Bohrung etwa 200 m von der vorigen entfernt:

1. Ackerboden . . . . 0,15 m.
2. Gelbe Mergel . . . . 1,85 m.
3. Süsswasserkalk . . . . 16,70 m.
4. Sandiger, weisser Thon . . . . 3,15 m.
5. Kalk . . . . 1,15 m.
6. Thon . . . . 4,32 m.
7. Kalk . . . . 0,16 m.
8. Grüne Mergel . . . . 13,69 m.
9. Brauner Thon . . . . 0,16 m.
10. Braunkohle . . . . 1,50 m.

$$\overline{\qquad\qquad}$$
42,83 m.

IV. Bohrung am Weg nach Imbsheim, dieselbe zeigt das Verschwinden der Braunkohle im südlichen Theil der Ablagerung:

1. Ackerboden . . . .   0,15 m.
2. Süsswasserkalk . .   . . 16,15 m.
3. Mergeliger Thon . . . .   9,00 m.
4. Süsswasserkalk mit Mergel wechsellagernd . .   10,00 m.
5. Weisser Thon . . . .   3,30 m.
6. Rother Thon . . . . :.   1,65 m.
                                            ――――――――――
                                                   40,25 m.

Zur petrographischen Charakteristik der erwähnten Ge-
birgsarten ist wenig zu sagen; wir folgen auch hier z. Th. den
Angaben DAUBRÉE's, zumal da uns nicht von allem genannten
Materiale Proben zur Verfügung standen.

Die erdige, chocoladefarbige Braunkohle enthält 10 %
Wasser und in den obersten, reichsten Lagen 12—13 %
Schwefelkies. Derselbe tritt, obwohl leicht zersetzbar, in der
regulären Form des Pyrits auf. Die Braunkohle ist eine sehr
unreine und enthält grosse Mengen von Thon, ein günstiger
Umstand, der bei der Alaunbereitung in Betracht kommt. Gyps
bildet sich als sekundäres Product und efflorescirt aus der Kohle;
auch findet er sich auf Klüften in derselben ausgeschieden.
Man hat niemals bestimmbare Pflanzenreste in der Braunkohle
gefunden.

Die grünen Mergel haben eine grau- bis gelbgrüne Farbe,
sind sehr wenig plastisch, kalkig und enthalten in Menge die
plattgedrückten, weissen Schalen von *Planorbis pseudammonius*
und Limneen. Im Schlemmrückstand fand sich nichts bemer-
kenswerthes.

Der Süsswasserkalk ist ein dolomitfreier, ziemlich reiner
Kalk, welcher etwas Eisen und Kieselsäure enthält. Er zeigt
keine sehr deutliche Schichtung, ist stark zerklüftet und wird
von zahlreichen krystallinischen Kalkspathadern und Drusen
durchzogen. Gewöhnlich ist der Kalk dicht und hart von hell-

grauer oder hellgelber Farbe; er geht aber in einzelnen Bänken in einen weichen, weissen und kreidigen Kalkstein über. Viele Blöcke des Kalkes haben ein eigenthümliches, fleckiges Aussehen. Die unregelmässig polygonalen, weissen, mulmigen Parthien werden ähnlich wie in einer Breccie durch die harte, graubraune Kalkgrundmasse zusammengehalten. Neben diesem fleckigen Kalk findet sich noch ein mehr oder weniger feiner, schöner, oolithischer Kalk[1].

Die Grundmasse zwischen den Oolithkörnern ist in der Regel härter und durch organische Substanz dunkler gefärbt als diese selbst. Wir müssen die Oolithe als eine ursprüngliche Bildung ansehen, denn wir finden dieselben in und um die Conchylienschalen angehäuft; sie durchsetzen jedoch dieselben niemals. Im Dünnschliff erscheinen die Oolithkörner ausserordentlich gleichmässig feinkörnig und lassen selbst bei Färbung nur eine äussere randliche Zone erkennen, während die Grundmasse vorwiegend aus grosskrystallinischem Kalke besteht. Die Analyse zeigte, dass der Kalk der Oolithkörner zwar demjenigen der Grundmasse qualitativ gleich ist, aber quantitativ in sofern abweicht, als derselbe fast 6 % mehr an Beimengungen wie Eisenoxyd, Kieselsäure und kohlensaure Magnesia enthält. Die oolithischen Blöcke pflegen die besten Versteinerungen zu enthalten, d. h. solche Versteinerungen, deren Schale noch erhalten ist.

Der Buchsweiler-Kalk umschliesst in einzelnen Bänken zahlreiche Schneckenreste ähnlich wie z. B. der Hydrobienkalk des Mainzer Beckens, nur dass wir es bei Buchsweiler meist mit Steinkernen zu thun haben und dass nicht eine Species durchaus vorwiegt, sondern dass sich mehrere Arten den Rang

---

1. In CUVIER, *Rech. sur les oss. foss.* wird der pisolithische (resp. oolithische) Kalk ebenfalls erwähnt. T. 1, pg. 540.

der grössten Häufigkeit streitig machen. In erster Linie ist hier wohl *Euchilus Deschiensianum* zu nennen, dann folgt *Planorbis pseudammonius* und die Paludinen. An der Oberfläche eines grossen Handstückes lassen sich zuweilen die Reste von 8—10 verschiedenen Arten constatiren.

Was die Menge des Vorkommens betrifft, so hat Daubrée nach Schätzung berechnet, dass ein Cubikmeter des Buchsweiler-Kalkes öfters 8 000 bis 10 000 Individuen enthält. Trotz dieser grossen Häufigkeit sind die Verhältnisse zum Sammeln keine sehr günstigen, weshalb auch gute Suiten von Buchsweiler Conchylien selten sind. Nur hin und wieder trifft man unter den zahllosen Steinkernen mit Schale erhaltene Exemplare an, oder vielmehr solche Individuen deren ursprüngliche Schale durch späthigen Kalk ersetzt ist, und alsdann hält es noch schwer, dieselben aus dem oft harten und spröden Kalk heraus zu präpariren[1].

Wie die beistehende Kartenskizze veranschaulicht, zeigt der Süsswasserkalk im wesentlichen die Gestalt einer Ellipse deren grosse Axe von NO nach SW verläuft, und welche im Süden eine starke Ausbuchtung besitzt. Der früher ziemlich lebhafte Bergbau hat nun gezeigt, dass die Tertiärschichten, ohne selbst von einer grösseren Verwerfung gestört zu sein, allseitig mit einem Winkel von etwa 6—9° und mehr (bis 16°) nach der Mitte dieser Ablagerung zu einfallen. Dieser Umstand, sowie derjenige, dass die benachbarten Juraschichten eine muldenförmige Biegung zeigen, veranlasste Daubrée zu der Annahme, dass der Buchsweiler-Kalk in dieser Weise beckenförmig abgelagert worden sei. Wir dürfen uns jedoch nicht zu

---

1. Es ist keineswegs anzunehmen, dass die Schneckengehäuse bei der Bildung des Kalksteins von irgend welcher Bedeutung gewesen seien, derselbe ist jedenfalls chemisch niedergeschlagen. Auch sondern die der Masse nach überwiegenden Süsswasserschnecken bekanntlich am wenigsten Kalk ab.

der Anschauung verleiten lassen, dass die jetzige Begrenzung
des Kalkes dem ursprünglichen Umfange des Süsswassersees ent-
spräche. Jedenfalls war derselbe viel grösser und reichte wohl
bis nach Bitschhofen. Immerhin wird man bei einer so alten
Schicht der Erosion genügend Rechnung tragen müssen. Auch
ist im Auge zu behalten, dass die Buchsweiler Tertiärschichten

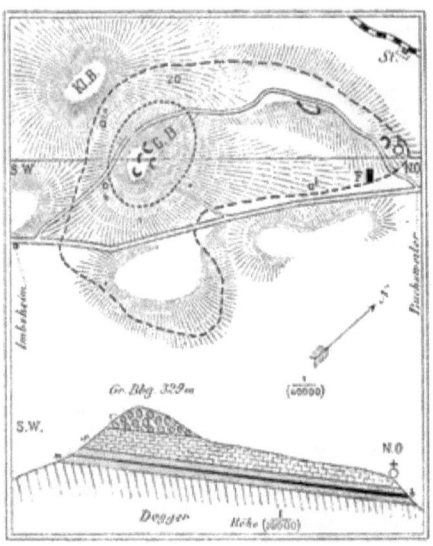

Fig. 1. Kartenskizze des tertiären Süsswasserkalkes von Buchsweiler z. Th. nach DAUBRÉE.
. . . . Grenzen des Süsswasserkalkes (s.); . . . . Grenzen der Conglomerate (c.); m. = Mergel
mit Braunkohle; ⚑ Kirche von Buchsweiler; F. Fabrik; 1—4 Schachtöffnungen.

sich nicht mehr in ihrer ursprünglichen Lagerung befinden, indem sogar die den Kalk überlagernden Conglomerate ein deut-
liches Einfallen nach NNO zeigen und in denselben abgerollte
Stücke des Süsswasserkalkes vorkommen sollen.

Dem Buchsweiler-Kalk gleichalterige Tertiärschichten
finden sich zwar im ganzen Oberrheinthale vereinzelt, von Basel

bis Bruchsal; dieselben sind aber alle sehr unbedeutend. Wir
beginnen mit den weiteren Vorkommnissen im Unter-Elsass.

In der Gemeinde Dauendorf, 14 Kilometer in östlicher
Richtung von Buchsweiler entfernt, wurde in früherer Zeit
eine pyritreiche Braunkohle neben den dort vorkommenden
Bohnerzen gewonnen und man erkannte folgende Lagerungsverhältnisse: Zuoberst ein dichter Kalk, reich an Conchylien.
Derselbe enthält Hornsteinstücke und Charen-Reste. Darunter
folgen grüne Mergel und braune Thone mit einem Braunkohlenflötz. Das Ganze ruht auf den Bohnerzlagern auf. Von Fossilien
ist folgendes bekannt: ein oberer, rechter Molar von *Lophiodon
tapiroides* Cuv., ein Canine, welcher vielleicht derselben Art
angehören dürfte, ferner werden *Paludinen* (wohl *Hydrobien*) und
Cypris-Schalen von Voltz erwähnt.

In dem Orte Dauendorf selbst, beträchtlich höher als
die alten Gruben, finden sich wiederum tertiäre Süsswasserschichten; ein in neuster Zeit gegrabener Brunnen lieferte mir
folgendes Profil:

1. Lehm . . . . 2,5 m.
2. Feste, gelbe Steinmergelbänke . . . . 0,5 m.
3. Helle, gelbe und graue, sandige Mergel, letztere
    mit Hydrobien . . . . 6,0 m.
4. Fette, blauschwarze Mergel . . . . 9,0 m.
5. Helle, schmutzige Mergelkalke . . . . 1,0 m.
                                                    —————
                                                    19,0 m.

Die Mergel (3.) sind reich an Schwefelkies und besitzen
einen starken schwefligen Geruch, ihr Schlemmrückstand ist
sandig kalkig. Die in den grauen Mergeln enthaltenen Conchylien-
bruchstücke (Fragmente von *Planorbis* etc.) sind mit Ausnahme der Hydrobien zu mangelhaft erhalten, um eine sichere
Bestimmung zuzulassen. Man kann 2 Arten von Hydrobien

unterscheiden: *Hydrobia Dauendorfensis* nov. sp. und *Hydrobia cf. Websteri* Morr. sp. (vergl. pg. 34, 35, Tf. III, Fig. 1, 2).

Bei Neuburg, etwa 1 Kilometer von dem Dauendorfer Vorkommen entfernt, werden die in früherer Zeit dort abgebauten Bohnerze gleichfalls von Süsswassermergeln mit Braunkohle und dann von einem grauen Kalkstein überlagert. Der unreine, pyritische Kalk ist ungefähr 1 m mächtig und ganz von Conchylien erfüllt. Ein mir vorliegendes Stück enthält namentlich *Planorbis pseudammonius*. Ferner werden noch die Ueberreste einer Schildkröte von Daubrée erwähnt.

Bei Bitschhofen am Buhlinger-Berg, 4 Kilometer nordöstlich von der früheren Neuburger Bohnerzgrube, zeigen sich ähnliche Lagerungsverhältnisse. Ein von Daubrée gegebenes Profil mag dieselben veranschaulichen.

1. Mergel . . . . 5,30 m.
2. Süsswasserkalk mit Mergel wechselnd . . . . . 8,60 m.
3. Thone mit Bohnerz . . . . 2,60 m.

15,90 m.

Darunter die liegenden Juraschichten. In den grauen Mergeln trifft man, ausser Limneen, mit Schale erhaltene Exemplare von *Planorbis pseudammonius*. An diesem Punkte sind jetzt ebenfalls keine Aufschlüsse mehr vorhanden; ich fand jedoch bei dem nahe gelegenen Dorfe Bitschhofen einen Kalkblock ähnlich dem Buchsweiler-Kalk mit *Limneus Michelini* und *Planorbis pseudammonius*.

Daubrée erwähnt von Mietesheim pyritreiche Mergel mit Braunkohlen-Spuren, welche die dortigen Bohnerzlager bedecken; es ist von denselben, wie bei Bitschhofen, nichts mehr zu sehen. Die blaugrünen Mergel hingegen, welche ich in einem zufälligen Aufschluss südöstlich von diesem Dorfe antraf, müssten über denselben liegen, denn sie zeigen die grösste Analogie mit den oligocänen Mergeln von Lampertsloch.

Die bisher angeführten Vorkommnisse zeigen alle grosse Aehnlichkeit mit einander. Die aus Süsswasserkalk und braunkohlenführenden Mergeln bestehenden Schichten überlagern die Bohnerzthone. *Planorbis pseudammonius* ist überall häufig, ausser in den höheren Schichten im Orte Dauendorf, wo die bei Buchsweiler seltenen Hydrobien vorwiegen. Etwas abweichend davon verhalten sich einige Kalke, welche ich für etwas jünger als den Buchsweiler-Kalk halten möchte, und die sogleich angeführt werden sollen. Dieselben überlagern bei Morschweiler, am Bischenberg und bei Bernhardsweiler direkt die Dogger-Schichten oder kommen in den hangenden Conglomeraten vor. In diesen Kalken tritt *Pl. pseudammonius* zurück und Hydrobien-Steinkerne sind am häufigsten. Am Bischenberg fand ich ferner ein Bruchstück von *Megalomastoma mumia* Lmk. sp., die im jüngeren Palaeotherienkalk von Brunnstatt häufig ist.

Auf dem Wege von Morschweiler nach Dauendorf, nicht weit vom erstgenannten Ort, steht auf einer Anhöhe eocäner Süsswasserkalk an. Derselbe wird in kleinen Steinbrüchen gewonnen, da man sein Material den umliegenden Jurakalken zur Beschotterung der Strassen vorzieht. Der hellgelbe Kalk gleicht in seinem Aussehen auffallend dem noch zu erwähnenden Kalke vom Bischenberg und von Bernhardsweiler im mittleren Elsass. Einzelne Bänke desselben sind hart und homogen, andere haben im Inneren ein poröses und zerfressenes Aussehen. Dieser Kalk besitzt keine grosse Mächtigkeit, er lagert direkt auf dem Parkinsonoolith (Schichten der *Ostraea acuminata* Sow.) auf und wird von einer dünnen schmutzig-gelben Mergelschicht bedeckt. Die Fossilien in demselben sind sparsam und schlecht erhalten. Hydrobien und Limneen-Steinkerne wiegen vor.

Der Bischenberg oder Nationalberg, ein isolirter Vogesenvorberg, erhebt sich zwischen Oberehnheim und Bischofsheim zu einer Höhe von 363 m. Seine Basis besteht vorwiegend aus Hauptoolith, sein Gipfel aus oligocänen Conglomeraten, und zwischen diese beiden Gebilde ist eine Schicht von Süsswasserkalk eingeschaltet. Der Kalk ist nirgends direkt aufgeschlossen; man findet jedoch an der Grenze des Oolith's und der Conglomerate zahlreiche umherliegende Stücke desselben. Abgerollte Fragmente des Süsswasserkalkes fand ich schliesslich auf der Höhe des Berges in den Conglomeraten selbst. Der gleiche Kalk kommt ferner noch auf dem Conglomerathügel hinter dem Ort Bernhardsweiler vor, ungefähr 1,5 Kilometer südlich vom Bischenberg. Das Aussehen des Kalksteins ist ziemlich wechselnd, er ist fleckig, hellgelb oder hellgrau, öfters sandig, zuweilen dicht, zuweilen zerfressen und cavernös. Ich beobachtete nachstehende Fossilien:

Planorbis pseudammonius SCHLTH. sp. Diese Art fand ich nur auf der südwestlichen Seite des Bischenberges, und zwar in schönen grossen (3,5 mm.) mit Schale erhaltenen Exemplaren. Auf der Nordseite, wo die anderen Arten am häufigsten sind, scheint sie zu fehlen.

Planorbis Chertieri DESH., namentlich bei Bernhardsweiler.

Limnea olivula ROUIS sp. Diese Art ist am Bischenberg häufiger als bei Buchsweiler.

Limnea cf. *Michelini* DESH.

Megalomastoma cf. *mumia* LMK. sp. Ein Steinkern nebst dazugehörigem Abdruck im hellgelben Kalk vom Bischenberg. Derselbe stimmt nach Grösse, Form und Sculptur ganz mit der obigen Art; es fehlen an demselben jedoch die untersten

Windungen und die Mündung. Aus dem Buchsweiler-
Kalk ist nie etwas derart bekannt geworden.

Ausserdem finden sich nicht selten Hydrobien-Steinkerne
und Cypris-Abdrücke.

An die besprochenen elsässischen Fundstellen von eocänem
Süsswasserkalk schliessen sich diejenigen der benachbarten Länder,
Badens und der Schweiz, naturgemäss an. Die Pfalz und Rhein-
hessen, kurz das ganze Mainzer Becken hat keine analogen
Tertiärbildungen aufzuweisen. In Lothringen[1] und Württemberg
(Bohnerze?) scheinen gleichfalls Tertiärschichten des Eocän's und
Oligocän's zu fehlen.

In Baden ist nur ein einziges Vorkommen von Schichten
bekannt, welches mit dem Buchsweiler-Kalk zu parallelisiren ist. Der schon mehrfach[2] besprochene Sandkalk, welchen
man in umherliegenden Brocken bei Ubstadt und vereinzelt
auch bei Malsch unweit Langenbrücken gefunden hat,
gehört hierher. Der plattige, gelbe Kalksandstein enthält ziemlich
schlecht erhaltene Fossilien (Steinkerne). Es ist das Verdienst
SANDBERGER'S folgende Arten darunter erkannt zu haben:

1. *Paludina Orbignyana* DESH.,
2. *Euchilus Deschiensianum* DESH. sp..
3. *Planorbis Chertieri* DESH.,
4. *Plan. pseudammonius* SCH. sp.,
5. *Pomatias Sandbergeri* NOUL.,
6. *Melanopsis* sp. vielleicht *Castrensis* NOUL.

1. Die nahe an der lothring'schen Grenze vorkommenden Thone und Quarzit-
conglomerate (Speicher etc.) werden neuerdings vielleicht mit Recht als tertiär
angesprochen (mitteloligocäne Küstenbildungen). Durch die Güte des Herrn Dr. VAN
WERVEKE konnte ich derartige Thone auf Foraminiferen untersuchen und fand
dieselben durchaus steril. In Württemberg dürften einige Bohnerze zum Eocän
gehören.

2. Neues Jahrb. für Min. etc. 1859 (C. DEFFNER und O. FRAAS). Ferner
W. BENECKE und E. COHEN, Geognost. Besch. der Umg. v. Heidelberg 1881, pg. 498.

III.   2

Ausserdem Fischschuppen, Krokodilzähne und Schildkröten-Reste.

Am Schlusse bleibt uns noch eine vereinzelte Fundstelle zu nennen übrig. Dieselbe liegt im Canton Solothurn zwischen Hobel und Kempen, nicht weit von Basel. Es soll von dem Vorkommen jetzt nichts mehr zu sehen sein. Der dortige Kalk hat nur Reste von *Pl. pseudammonius* in grosser Zahl geliefert, welcher mir nebst der var. Leymeriei DESH. aus der GREPPIN'schen Sammlung vorliegt. Soviel man es nach einem kleinen Stück beurtheilen kann, zeigt der Kalk von Hobel petrographisch grosse Uebereinstimmung mit dem von Buchsweiler, auch ist oolithische Structur an demselben wahrzunehmen.

2. Palaeontologische Verhältnisse.

A. Säugethiere.

Was die Fauna von Buchsweiler betrifft, so haben wir zunächst eine Reihe von Säugethieren zu nennen, welche, wenn es sich um die Bestimmung des Alters einer Tertiärschicht handelt, ja in erster Linie in Betracht kommen. Die *Lophiodon*-Arten sind die charakteristischsten und häufigsten Säugethiere der Buchsweiler Fauna, welche zahlreiche Reste, allerdings meist nur Kieferbruchstücke und Zähne, geliefert haben. Die Lophiodonten von Buchsweiler sind schon seit langer Zeit bekannt und haben dadurch eine gewisse Berühmtheit erlangt, dass CUVIER in seinen *Recherches sur les ossements fossiles,* Reste derselben abbildete, beschrieb und 2 Species auf dieselben begründete. BLAINVILLE sah sich später veranlasst, die beiden Buchsweiler

Arten wieder mit einander und mit dem *Loph. Isselense* Cuv. zu vereinigen, ohne jedoch einen genügenden Grund dafür anzugeben. Diese Vereinigung ist unzulässig; auch wurde sie von späteren Autoren, welche über *Lophiodon* schrieben, wie MAACK[1] und RÜTIMEYER[2] nicht acceptirt. Wir wollen an anderer Stelle, bei Besprechung der beiden Buchsweiler Arten, die wichtigsten Unterscheidungsmerkmale hervorheben.

Als eine sehr alte Gruppe der perissodactylen Ungulaten stehen die Lophiodonten den durchschnittlich jüngeren Palaeotherien im Eocän gegenüber. Sie charakterisiren namentlich die älteren Bohnerze, so in der Schweiz bei Egerkingen, in Mittelfranken bei Heidenheim und finden sich in verschiedenen Mitteleocänbildungen Frankreichs: Argenton (Indre), Issel (Aude) etc. Aus dem Oligocän ist mit Sicherheit kein *Lophiodon* bekannt und im Miocän folgen die Tapire, welche wohl direkte Nachkommen von *Lophiodon* sind. Die Lophiodonten zeigen die einfachsten Zähne unter den Ungulaten und der primitive, gradlobige Typus ihrer Molaren bildet den Ausgangspunkt für die complizirteren Zähne anderer Unpaarhufer. Während so die Molaren Anklänge an diejenigen der Tapire und der Palaeotherien erkennen lassen, sind namentlich die Caninen abweichend gebildet und zeigen wie bei anderen altfossilen Ungulaten carnivoren Charakter. Ferner ist noch ein primitiver Zug zu erwähnen, welcher schon oft hervorgehoben worden ist, nämlich, dass bei *Lophiodon* die Praemolaren in höherem Grade von den Molaren differenzirt sind als bei dem viel jüngeren Tapir. Am Schädel von *Lophiodon* sind die verhältnissmässig langen Nasenbeine, sowie die grossen einander genäherten Schläfengruben bemerkens-

---

1. G. A. MAACK, Palaeontologische Untersuchungen über noch unbekannte Lophiodonfossilien von Heidenheim am Hahnenkamme in Mittelfranken. Leipzig 1865.

2. RÜTIMEYER, Ueber eocäne Säugethiere aus dem Gebiet des schweizerischen Jura 1862.

werth. Die artenreiche *Lophiodon*-Familie besitzt in Europa eine ziemlich weite Verbreitung und wird im Eocän von Nord-Amerika namentlich durch die nahe verwandte Gruppe *Hyrachyus* (LEIDY) vertreten, welche dort eine grössere Bedeutung als *Lophiodon* selbst erlangt. *Hyrachyus* kommt in Europa nur sparsam vor (Phosphorite von Quercy) und steht im Ganzen dem Tapir näher, dasselbe wird von GAUDRY als Zwischenform zwischen *Lophiodon* und diesem angesehen[1].

Die beiden Arten von Buchsweiler sind:

Lophiodon tapiroides Cuv.

„Grand Lophiod. de Buchswiller". Abgebildet in Cuv. R. sur les o. foss., t. II, pl. VI, 2, 4; pl. VII; 1, 3, 5. Ferner wurde die stark verkleinerte Abbildung eines zerdrückten, vorn abgebrochenen Schädels von DUVERNOY in den *Mém. de la Soc. d'hist. nat. de Strasbourg* 1835 T. II. gegeben[2].

Diese Art erreichte nicht ganz die Grösse eines Pferdes, gehört also immerhin zu den grossen *Lophiodon*-Arten, wenn sie

---

1. A. GAUDRY, *Les enchainements du Monde animal dans les temps géologiques. Mammifères tertiaires.* Paris 1878, pg. 64.

2. DUVERNOY, *Notice sur un crâne de Loph. et un fragment de mâchoire d'une très-petite espèce de Pachyderme présumée du genre Sus.* pg. 9. — In den *Mém. d. l. Soc. d'hist. nat. d. Strsbg.* T. V. 1862 (Résumé p. 15) gibt Prof. SCHIMPER eine kurze Notiz über Säugethiere von Buchsweiler. Er erklärt darin DUVERNOY's Lophiodon für ein *Rhinoceros (Aceratherium) incisivus*, ohne weiteren Grund für die Identifikation anzugeben. Das betreffende Schädelfragment befindet sich noch in der Strassburger Landessammlung und ich nahm von neuem Gelegenheit, die darin vorhandenen Zahnreste sorgfältig zu untersuchen. Von dem vorletzten Molaren ist die innere Hälfte gut erhalten und stimmt vollständig mit *L. tapiroides* überein. Es ist namentlich hervorzuheben, dass das Thal zwischen den 2 Querjochen eben so breit und flach ist wie bei der letztgenannten Species. Umriss und Grösse des letzten Molaren, dessen Krone zerstört ist, stimmen gleichfalls mit *L. tapiroides*. Von den tiefer eindringenden Schmelzfalten der Rhinoceroszähne ist nichts zu sehen. Wir müssen daher den DUVERNOY'schen Schädel zu *Lop. tapiroides* stellen.

auch von dem *L. rhinocerodes* Rütim. aus den Bohnerzen noch
an Grösse übertroffen wird. Als Unterschied von *L. Isselense*,
welchem die obige Art nahe steht, führe ich aus der schon
erwähnten Arbeit von Maack folgendes an (pag. 30): „Bei
L. Isselense Cuv. sind beide Querjoche der unteren Molar-
zähne ebenso wie bei *L. Parisiense* Gerv. fast gar nicht mit
einander verbunden, während bei *L. tapiroides* ein Anschluss
der Zwischenkante in halber Höhe des vorderen Joches stattfindet. Das Querthal der oberen Backenzähne von *L. Isselense*
ist eng, und der Haupthügel der Aussenwand bildet eine etwas
geknickte Falte mit stumpfer Mittelkante; bei *L. tapiroides*
dagegen ist die Bucht zwischen den Querjochen weit und seicht,
der vordere Hügel der Aussenwand hoch und einen ziemlich regel-
mässigen Kegel darstellend." Dies mag hier genügen; die Unter-
schiede von *L. Buxovillanum* sollen bei dieser Art besprochen
werden. Taf. III. fig. 6 ist in $\frac{1}{1}$ n. gr. ein letzter rechter
Molar des Oberkiefers von *Lophiodon tapiroides* aus den Mergeln
von Dauendorf stammend abgebildet. Der Zahn zeigt eine vor-
zügliche Erhaltung und ist auf der Kante und inneren Spitze
der beiden Querjoche kaum etwas abgekaut, was darauf hindeutet,
dass derselbe keinem alten Individuum angehörte. Bezeichnend
ist für den letzten oberen Molaren die starke Convergenz, welche
die Aussenwand mit der Innenwand nach hinten zeigt, und die
schiefe Richtung, welche die erstere zu den Querjochen einnimmt.
Die starke Warze am Vorderrande der Aussenwand, sowie der
kräftige, namentlich vorn entwickelte Basalwulst sind für *Lophiodon*
charakteristisch. Von den 5 Schmelzpyramiden ist der mittlere
Hügel der Aussenwand am höchsten, dann folgen sogleich die
beiden Kegel, welche von den inneren Enden der Querjoche
gebildet werden. Die vordere und namentlich die hintere Warze
der Aussenwand sind weit schwächer entwickelt. Die Dimensionen
dieses Zahnes sind:

Grösste Breite = 36 mm.

Grösste Länge = 45 mm.

Grösster Durchmesser = 51 mm.

Der grösste Durchmesser der letzten Molaren von *L. rhino-cerodes* beträgt hingegen 64—67 mm. *L. tapiroides* findet sich ausser bei Buchsweiler noch in den Bohnerzen von Eger-kingen, wo dasselbe mit sieben anderen *Lophiodon*-Arten zu-sammen vorkommt[1].

Lophiodon Buxovillanum Cuv.

Abgebildet in Cuv., Rech., t. II, pl. VI, 3, 5; pl. VII, 2, 4. „Loph. secondaire de Buchsw." Diese Art erreichte ungefähr die Grösse des indischen Tapirs. Schon Cuvier hob hervor, dass die Loben der Unterkiefermolaren bei dieser Art schief nach vorn geneigt und ausserdem stark nach vorn umge-bogen sind, wodurch sie sich im Habitus den Palaeotherien nähern. Der letzte Unterkiefermolar ist sehr lang und dreilobig. Von den Oberkieferzähnen gibt Rütimeyer in dem schon erwähnten Werke folgende Beschreibung: Der ganze Habitus der Zähne ist sehr verschieden von *L. tapiroides*. Sie haben ein compaktes, scharf gezeichnetes Gepräge. Die Aussenwand ist relativ kurz und niedrig, kaum höher als die Querjoche. Letztere sind hoch, massiv, kurz und stark, nach hinten concav und steigen am inneren Ende in hohe Spitzen auf. Der Basalwulst ist schwach. Die Dimensionen der Zähne sind etwa $\frac{1}{3}$ kleiner als bei der vorigen Species. Ein rechtes Oberkieferstück, mit grösstentheils zerstörten Zahnkronen, welches mir vorliegt, zeigt

---

1. Rütimeyer, Eoc. Säugeth. etc. *L. tapiroides* abgebildet Tf. II, 13—26; IV, 44; *Lop. Buxovillanum* auf Tf. III, Fig. 37—39.

Spuren der 3 ziemlich grossen Molaren und der 3 kleinen Praemolaren, auch ist ein Theil der Eckzahnalveole erhalten, so dass kein Raum als Diastem übrig blieb. *L. Buxovillanum* findet sich ausserdem in den Bohnerzen von Egerkingen und nach den Angaben von NORDMANN bei Kapitanowká im Chersonschen Gouvernement nicht weit von Odessa. Falls die Zähne von *Lophiodon medium* Cuv., wie RÜTIMEYER vermuthet und MAACK annimmt, Milchzähne von *L. Buxovillanum* sind, so wären noch andere Fundorte und unter anderen auch Argenton hinzuzufügen.

Lophiodon sp. cf. *tapiroides* Cuv.

Can. inf. dex. Taf. IV, Fig. 10, 11, 12, 13.

Von Dauendorf liegt mir ein Eckzahn vor, welcher der rechten Unterkieferhälfte angehört haben muss. Die wenigen bisher von BLAINVILLE, RÜTIMEYER und MAACK abgebildeten *Lophiodon*-Caninen zeigen grosse Aehnlichkeit mit diesem Zahn, ermöglichen aber nicht die Bestimmung der Species. Man ist bei den Eckzähnen in sofern schlimm daran, weil ihre Veränderlichkeit sowohl in Bezug auf das Geschlecht, sowie auf ein oder die andere Art der gleichen Gattung (z. B. bei *Rhinoceros*) eine viel grössere ist als bei den Molaren. Wenn dieser Zahn von *Lophiodon tapiroides* herrührt, was am wahrscheinlichsten ist, so dürfte derselbe einem jungen oder weiblichen Individuum angehört haben (letzteres ist wegen der vollständigen Ausbildung und der Abnutzung an der Spitze am wahrscheinlichsten). Nach dem Verhältniss zu urtheilen, welches bei anderen *Lophiodon*-Arten (z. B. *L. rhinocerodes*) zwischen der Grösse des letzten Molaren und Caninen besteht, würde der Dauendorfer Molar einen grösseren Eckzahn erwarten lassen. RÜTIMEYER rechnet

jedoch eine untere Eckzahnkrone zu *L. tapiroides*, welche nur
15 mm im Durchmesser zeigt, während unser Zahn an der
Kronenbasis 18 mm und 15 mm misst. Wegen der sehr
schönen Erhaltung und wegen des Fundortes glaubte ich den
Zahn abbilden zu sollen[1]. Die mässig comprimirte Wurzel des
Caninen ist beinahe doppelt so lang als die Krone. Letztere
besitzt auf der inneren Seite vorn und hinten je eine scharfe
Schmelzkante. Die Krone, welche innen etwas concav, aussen
convex ist, wird von einem schwachen Basalwulst eingefasst und
zeigt, von der inneren Seite betrachtet, eine stärkere Krümmung
als die Wurzel. Die Spitze ist auffallender Weise von aussen
ein wenig abgenutzt, eine Usur, die nur durch den oberen dritten
Incisiven bewirkt worden sein kann, der bei *Lophiodon* ähnlich
wie beim Tapir sehr kräftig war. Der ganze Zahn hat einen
carnivoren Habitus.

Propalaeotherium Isselanum Gerv.

Ein Unterkieferbruchstück mit schlecht erhaltenen Zähnen,
welches von Buchsweiler stammt, wird von Blainville als
zu *Palaeotherium Isselanum* gehörig betrachtet. Dasselbe findet
sich erwähnt in der Ostéographie IV. Y. p. 174 u. p. 161,
und ist abgebildet auf pl. VIII. Ich kenne das Original nicht
und darf mir, zumal bei dem schlechten Erhaltungszustand, kein
Urtheil nach der Abbildung erlauben[2].

----

1. Der betreffende Canine war als *Anthracotherium* bestimmt und als solcher
auch in der Litteratur aufgeführt worden. Daubrée, Desc. d. D. R., pg. 201.

2. Ob das von Delbos in einem Vortrage in Mülhausen erwähnte Vorkommen
von *Propalaeotherium* bei Buchsweiler sich auf die Angabe Blainville's stützt, ist
mir unbekannt. Cf. *Bull. de la Soc. indust. de Mulhouse*. 1870.

Propalaeotherium Argentonicum Cuv. sp.

Molaren des Oberkiefers[1]. Tf. III, Fig. 18 a, b; 19.

Zwei isolirte, obere, linke Molaren eines *Propalaeotherium*, aus dem Buchsweiler-Kalk stammend, liegen mir vor. Es scheint mir der letzte und vorletzte Backenzahn ein und desselben Individuums zu sein; ersterer ist wohl erhalten, bei dem anderen ist leider die Aussenwand abgebrochen. Der auf Tf. III, Fig. 18 a abgebildete Zahn zeigt die typischen Formen des Propalaeotherienzahnes. Die starke Convergenz der Aussenwand mit der Innenwand nach hinten kennzeichnet ihn als letzten Molaren. Die Aussenwand zeigt die charakteristische Festonnirung. Sie zerfällt zunächst durch eine mittlere sehr scharf ausgeprägte Kante in 2 ungefähr fünfseitige, oben in den äusseren Schmelzkegeln scharf zugespitzte Felder. Diese Felder werden unten und aussen von Wülsten umrahmt und besitzen in der Mitte, je eine von der Kegelspitze nach dem Basalwulst herablaufende Verdickung. Am vorderen Theil der Aussenwand zeigt sich die stark erhobene Warze ganz wie bei *Lophiodon*. Die Ausbildung der Querjoche, welche sich schräg an die Aussenwand ansetzen, ist jedoch von *Lophiodon* recht verschieden. Das vordere Querjoch nimmt seinen Ursprung zwischen der Warze und dem vorderen Schmelzkegel der Aussenwand; dasselbe bildet eine ziemlich hohe und scharfe nach vorn concave Kante, bis es in der Mitte der Vorderseite sich zu einem Kegel erhebt. Auf diesen Kegel folgt eine tiefe Einsenkung,

---

1. Die beiden erwähnten Zähne liegen wohl schon lange in der Strassburger Sammlung, sie waren als *Anchitherium Aurelianense* bestimmt und trugen den Fundort Buchsweiler. Farbe und Erhaltung lassen nicht daran zweifeln, dass die Fundortsangabe richtig ist. Um so auffallender erscheint es, dass Scherz auch. *Aurelianense* von Lobsann erwähnt. Die Art ist, so viel ich weiss, daselbst nie vorgekommen. *Mém. d. l. Soc. d'hist. nat. de Strasbg.* T. V. 1862.

und dann schwillt das erste Querjoch nochmals an, um den sehr
kräftigen und isolirten, vorderen Schmelzkegel der Innenseite
zu bilden. Verfolgen wir, von dem hinteren Kegel der Innenseite
ausgehend, das zweite Querjoch, so bemerken wir, dass dasselbe
in einer scharfen Kante, welche sehr schnell an Höhe abnimmt, nach
vorne verläuft. In der Mitte erhebt es sich nochmals ein wenig
zu einer kleinen medianen Schmelzspitze. Der Contakt des
hinteren Querjoches mit der Aussenwand liegt an deren Basis
zwischen dem medianen Wulst und dem hinteren Kegel derselben.
Der mediane Wulst der Aussenwand entspricht offenbar mor-
phologisch der Warze vor dem ersten Schmelzkegel. Der Basalwulst ist überall, mit Ausnahme der Innenseite, sehr kräftig.
Von oben gesehen sind, mit Weglassung der vorderen Warze,
namentlich 5 Schmelzkegel am Zahn bemerkbar, indem der
mittlere Kegel des hinteren Querjoches ganz zurücktritt. Die
Disposition dieser 5 Kegel, von welchen 3 vorne und 2 hinten
liegen, erinnert ganz an den Zahn von *Anthracotherium*, bei
welchem auch Homologa für die mittlere Schmelzleiste und die
vordere Warze zu finden sind.

Die Dimensionen des Zahnes betragen:

Grösste Länge = 20 mm.
Grösste Breite = 25 mm.
Grösster Durchmesser = 27 mm.
Länge der Aussenwand = 22 mm.

Unterkieferzähne[1]. Tf. III, Fig. 20.

Unterkieferzähne eines *Propalaeotherium*, welche in einem
zertrümmerten Kiefer stecken und wohl zu derselben Art gehören,
fanden sich ebenfalls bei Buchsweiler. Der letzte Molar ist
28 mm lang, während der des *Propalaeotherium Isselanum* nach

---

1. Das betreffende Kieferstück mit Zähnen wurde mir freundlicher Weise von
Herrn DEECKE in Strassburg aus seiner Sammlung überlassen.

Rütimeyer nur 24 mm misst. Derselbe hat 3 starke Querjoche, von welchen das hinterste am niedrigsten ist. Ausserdem entsteht durch die Umbiegung des vorderen Querjoches ganz vorn am Zahn noch ein niedriges, unvollständiges Joch. Der auf der Innenseite gebildete Hügel des vorderen Querjoches ist etwas abgenutzt und erscheint breit. Dieser Zahn, welcher mehrfache Sprünge zeigt, liess sich aus dem harten Gestein nicht so vollständig herauslösen, um sich zum Abbilden zu eignen. Der vorletzte Molar misst 20 mm, der gleiche, im Uebrigen sehr ähnliche Zahn von *P. Isselanum*, nur 15 mm. Derselbe ist vierwurzelig und zeigt auf der Krone alle Eigenthümlichkeiten des *Propalaeotherium*-Zahnes. Die beiden Querjoche sind hinten vollständig gradlinig und stehen nur wenig schräg. Dieselben sind an der Aussenseite spitzwinkelig umgebogen. Das zweite Querjoch entsendet an der Umbiegungsstelle eine hohe diagonale Kante (Verbindungskamm), welche nach dem inneren Hügel des ersten Querjoches verläuft. Letzterer erscheint viel breiter als der innere Hügel des hinteren Querjoches und ist an der Spitze im frischen Zustand doppelt. Die Umbiegung des vorderen Querjoches, welche dem Verbindungskamm entspricht, bildet am vorderen Zahnende ein kleines rudimentäres Querjoch. Der Basalwulst ist, mit Ausnahme der Innenseite, überall vorhanden, er ist kräftig und erhebt sich auf der Hinterseite zu einer starken Spitze, welche bei dem abgebildeten Zahn sehr abgenutzt ist. Diese Spitze, ein Homologon des dritten Talons am letzten Backenzahn, ist gerade für die Unterkiefermolaren der Propalaeotherien sehr charakteristisch. Der dritte Molar ist dem zweiten sehr ähnlich, misst jedoch nur 18 mm. Dann folgen noch 2 zerstörte Praemolaren, deren Länge, soweit sie sich ermitteln lässt, folgende ist: $p^1 = 15{,}5$ mm[1]; $p^2 = 14$ mm. Der

---

1. Die Praemolaren (p) sind von hinten nach vorn gezählt.

zweite Molar des rechten Unterkiefers ist Tf. III, Fig. 20 abgebildet.

Die Unterkieferzähne nehmen nach Rütimeyer eine vermittelnde Stellung zwischen *Lophiodon* und *Plagiolophus* ein; letztere verbinden ihrerseits wieder die Propalaeotherien mit den ächten Palaeotherien. Gaudry fasst die Propalaeotherien mit der nahe verwandten Gruppe *Pachynolophus* zusammen.

Von den 3 bisher bekannten *Propalaeotherium*-Arten: dem *P. parvulum* Rütim. aus den Bohnerzen von Gösgen (Ob. Eoc. bis Unt. Oligoc.?), *P. Isselanum* Cuv. sp. von Issel [Dép. de l'Aude] (Mt. Eoc.) und aus den Bohnerzen von Egerkingen (Mt. Eoc. bis Ob. Eoc.?). sowie dem *P. Argentonicum* Gerv. von Argenton [Dép. de l'Indre] (Mt. Eoc.), kann nur die letztgenannte grösste Art bei der Speciesbestimmung der Buchsweiler Reste in Betracht kommen. Der bei Gaudry (*Enchainem.*, p. 161, Fig. 213) abgebildete linke Oberkieferzahn, welchen ich wegen seiner ziemlich quadratischen Form für den zweitletzten Molaren halte, stimmt mit dem betreffenden Zahn von Buchsweiler gut überein und ist nur eine Spur grösser. Gervais[1] bildet keine Reste von *Prop. Argentonicum* ab und verweist auf die Unterkieferzähne, die Cuvier in seinen *Oss. foss.*, p. 498, t. IV als „Palaeotherium d'Orléans trouvé à Argenton" erwähnt. Blainville bildet in der Ostéographie einige Zähne nebst einem Tibia-Kopf, einem Astragalus, Calcaneus und einem Cuneiforme von *Propalaeotherium Argentonicum* auf Pl. 8 bei den Palaeotherien ab. Er bezeichnet alle diese Reste auf pg. 189 als „*Palaeotherium? medium*". Es muss noch dahingestellt bleiben, ob die Extremitätenknochen in der That zu den betreffenden Zähnen gehören. Der Astragalus ist im Ganzen lophiodonartig,

---

1. F. Gervais, *Paleontologie et Zoologie française. Animaux vétébrés.* Paris 1859, pg. 116.

worauf schon GERVAIS aufmerksam machte. Die abgebildeten
Zähne sind ziemlich stark abgenutzt; es sind die 2 letzten
Molaren des Unterkiefers und, wie es scheint, die entsprechenden
Zähne aus dem Oberkiefer. Diese Zähne stimmen gut mit den-
jenigen von Buchsweiler überein; leider ist jedoch die Abkauung
bei den Zähnen von Argenton zu weit vorgeschritten und die
Abbildung zu klein und nicht scharf genug, um geringere Details
vergleichen zu können.

Ich möchte um so mehr auf das Vorkommen von *Pro-*
palaeotherium bei Buchsweiler hinweisen, da wir noch so wenig
von dieser interessanten Gruppe wissen. Von dem Gliederbau
wissen wir fast nichts, und das wenige was uns von der Be-
zahnung bekannt ist, erweckt mit Recht unsere Wissbegierde.
Nach KOWALEVSKY's Ansicht sind die Propalaeotherien berufen,
später noch eine grössere Rolle in der Palaeontologie zu spielen,
indem ihre Zähne einen vermittelnden Typus zwischen den
Lophiodonten und Palaeotherien innehalten und zugleich an die
fünflobigen Molaren der jüngeren Paarhufer erinnern.

Dieser vermittelnde Typus findet sich auch in der That
in sehr alten Schichten mit der *Lophiodon*-Fauna zusammen.
Die einzigen Fundpunkte, wo derselbe mit ächten Palaeotherien
zusammen auftritt, sind die Bohnerze. Bei Egerkingen *Propal.*
Isselanum mit 2 Palaeotherien; bei Ob. Gösgen *Prop. par-*
vulum mit 5 Palaeotherien. *Prop. Argentonicum* fehlt meines
Wissens in den Bohnerzen und findet sich nur bei Argenton
und Buchsweiler.

? *Anoplotherium* sp.

Zwei Molaren in einem Kieferbruchstück von einer kleinen
Art sind in BLAINVILLE's Ostéographie auf Pl. VI, Bd. IV

abgebildet. Ich möchte einstweilen noch das Vorkommen eines *Anoplotherium* bei Buchsweiler bezweifeln.

? *Arctomys* sp.

Ein Unterkieferbruchstück, welches von Buchsweiler stammen soll, ist in BLAINVILLE's Ostéogr. IV. EE. Pl. 11. (*publication posthume*) abgebildet. Die Beschreibung fehlt, aber ein flüchtiger Hinweis darauf findet sich T. IV. CC., pag. 187.

Cebochoerus anceps GERV.
Tf. IV, Fig. 14, 15.

Derselbe wird von SCHIMPER in einer kurzen Notiz von Buchsweiler erwähnt[1]. Die Angabe stützt sich vielleicht unter anderem auf das kleine Backenzähnchen, welches mir vorliegt und welches zu dieser merkwürdigen Gattung gehört. Dasselbe entstammt einem linken Unterkiefer und dürfte der zweitletzte Molar sein. Das Zähnchen misst beinahe 7 mm in der Länge und 5,5 mm in der grössten Breite. Es besitzt 2 lange Wurzeln, während die Oberkieferzähne von *Ccb. anceps* merkwürdiger Weise 4 Wurzeln haben und dadurch von den dreiwurzeligen Molaren der Affen und Hufthiere abweichen. Die Schmelzkrone zeigt 4 mässig abgekaute Kegel von Bunodontem-Habitus. Da ich keine Abbildung eines Unterkiefers von *Ccb. anceps* finden konnte, so muss ich mich in der Speciesbestimmung auf SCHIMPER verlassen. Ein Unterkiefer von *Cceboch. minor* findet sich bei GAUDRY (*Enchaînem.*, pg. 231, Fig. 305) abgebildet, er stammt

---

1. *Mém. de la Soc. d'hist. nat. de Strasbg.*, T. V, pg. 15 (Résumé). Auf die gleiche Notiz wurde schon bei *L. Buxovillanum* verwiesen.

aus den Phosphoriten von Quercy. Das von DUVERNOY mit grosser Bestimmtheit zu den Suiden[1] gestellte Unterkieferstück mit den beiden letzten Molaren wird, wie dies auch SCHIMPER erklärt hat, wohl zu *Cebochoerus* gehören. Ich kenne das Original nicht aus Autopsie, da es sich nicht mehr in der Strassburger Sammlung befindet. *Ceb. anceps* fand sich ausserdem in den Ligniten von Pérreal bei Apt, von welcher Lokalität GERVAIS[2] einen Oberkiefer abgebildet hat. Die Gattung *Cebochoerus*, zu den Bunotherien gehörig, ist auf das Eocän und Unteroligocän beschränkt; über den Skelettbau ist nichts weiter bekannt.

Schildkröten. Ein kleines Panzerbruchstück einer grossen Art liegt mir aus dem Buchsweiler Süsswasserkalk vor[3]. Schildkrötenreste sind ferner aus dem Eocän des Rheinthales von Neuburg (Unt.-Els.) und von Ubstadt in Baden bekannt.

Kleine Reptilzähne von linsenförmigem Querschnitt mit scharfen Seitenkanten und zuweilen gefältelter Spitze findet man ab und zu bei Buchsweiler. Sie dürften verschiedenen Thieren angehören: so erinnert *Fig. 21a, Tf. III* durch seine Fältelung an Lacertilier; *Fig. 21 b* ähnelt mehr gewissen Krokodilzähnen. Krokodilzähne haben sich auch bei Ubstadt gefunden, von wo ferner noch Fischschuppen erwähnt werden.

---

1. *Mém. de la Soc. du musée d'hist. nat. de Strasbg.*, pg. 9. Die von DUVERNOY gegebene etwas kleine Abbildung ist bei BLAINVILLE reproduzirt und erwähnt T. 4, pg. 186. Der letzte Unt.-Kiefer-Molar ist mit einem hinteren Talon versehen wie bei *Ceb. minor.*

2. GERVAIS, *Paléontol. française. Anim. vertébrés*, 1859, Pl. 35, Fig. 3, pg. 198.

3. In den *Mém. de la Soc. d'hist. nat. de Strasbg.* erwähnt SCHIMPER T. II, pg. 15 »un *fragment de carapace de tortue provenant du calcaire de Buchsweiler*«.

B. Mollusken.

Paludina (Vivipara) Hammeri DEFRANCE 1825.

Tf. I, Fig. 13 *a*, *b*, *c*.

(SANDBERGER, Land. Sw. Conch. 1875, pg. 224, Tf. XIII, Fig. 6—6*b*. — DEFRANCE, *Dict. d. scien. nat.*, XXXVII, pg. 306, etc.)

Diese *Paludina* ist die grösste bei Buchsweiler vorkommende Art; sie erreicht zuweilen eine Höhe von beinahe 40 mm und eine entsprechende Breite von 30 mm. Sie ist ungemein häufig im Süsswasserkalk, selten in den darunter liegenden grünen Mergeln. Das dickschalige Gehäuse ist schwach genabelt, besitzt eine eiförmige, oben zugespitzte Mündung, nicht sehr tiefe Nähte und 6 mässig gewölbte Umgänge, deren letzter fast eben so hoch ist wie die vorhergehenden zusammen. Die aus zahlreichen, ziemlich gleichmässigen Längskielen bestehende Sculptur tritt nur auf den obersten Windungen und auf dem letzten Umgang, kurz vor der Mündung, deutlich hervor. Am schärfsten ist dieselbe jedoch auf der Unterseite, rings um den Nabel, ausgeprägt. Ausserdem sind feine ungleichmässige Anwachsstreifen vorhanden, welche die Längskiele durchkreuzen und nur bei älteren Individuen, auf dem letzten Theil der untersten Windung, kräftiger werden. Die Art ist nur von Buchsweiler bekannt, von welchem Fundorte mir auch ein junges, linksgewundenes Stück, als interessanter teratologischer Fall, vorliegt.

Paludina (Vivipara) Orbignyana Deshayes 1864—66.

Tf. I, Fig. 12 *a*, *b*, *c*.

(Deshayes, G. P., *Desc. d. Anim. s. vert. du bass. de Paris*, 1866, II, pg. 481, pl. 32, Fig. 20, 21, pl. 33, Fig. 1, 2. — Sandberger, Land. Sw. C., pg. 224, Tf. XIII, Fig. 7—7*a*.)

Diese Art steht der vorigen recht nahe, so dass ich mich hier am besten darauf beschränke, die wichtigsten Unterscheidungsmerkmale anzuführen. Das gleichfalls sehr dickschalige Gehäuse von *P. Orbignyana* ist höher, spitzer kegelförmig, die letzte Windung ist relativ niedriger, die Umgänge sind flacher und die Mündung ist ein wenig runder, als bei *P. Hammeri.* Die Sculptur zeigt sich in gleicher Weise wie bei der vorhergehenden Species, nur ist dieselbe viel schwächer, so dass die Schale fast glatt aussieht. In der Grösse bleibt *P. Orbignyana* gegen *P. Hammeri* zurück; sie erreicht jedoch immerhin bis zu 35 mm Höhe und 24 mm Breite. Die Art ist im Süsswasserkalk von Buchsweiler nicht gerade häufig, während sie bei Ubstadt in zahlreichen Steinkernen vorkommt, und Sandberger von dort sogar ein linksgewundenes Exemplar erwähnt. In Frankreich findet sie sich bei Longpont im oberen Grobkalk, ferner in einigen eocänen Süsswasserkalken am Südrande des Pariser Beckens und im *bassin de l'Agoût.*

Euchilus Deschiensianum Deshayes sp. 1864—66.

Tf. I, Fig. 11 *a—c.*

(Deshayes [l. c.], pg. 492, pl. 33, Fig. 19—21. — Sandberger [l. c.], pg. 225, Tf. XIII, Fig. 8—8*c*.)

Diese häufigste Versteinerung bei Buchsweiler gehört zu der ausgestorbenen Gattung *Euchilus*, welche in den recenten

Gattungen *Blanfordia* (Australien) und *Emmericia* (Dalmatien) ihr nächstes Analogon hat. Sie ist ziemlich variabel, so dass ihr kegelförmiges Gehäuse bald spitzer, bald stumpfer erscheint. Die grössten Stücke erreichen etwas über 10 mm Länge und 6 mm Breite; kleinere, ausgewachsene Exemplare messen hingegen nur 7 mm (l.) und 4 mm (b.). Die Schale ist dick und glatt. Es sind 5—6 Umgänge vorhanden. Der Nabel ist schmal und der Mundrand stark wulstig verdickt. In der Jugend werden von *Euchilus* öfters Ansätze zur Mündung gebildet, welche beim Weiterwachsen als Wülste zurückbleiben und namentlich an den Steinkernen als charakteristische Furchen auffallen (*Fig. 11 d*). Ein Deckel ist bisher bei B u c h s w e i l e r noch nicht beobachtet worden, man kennt dieselben jedoch von St. P a r r e s. *E. Deschiensianum* ist ziemlich verbreitet und findet sich, ausser im Süsswasserkalk unserer Lokalität, vereinzelt bei U b s t a d t, ferner bei L o n g p o n t, St. P a r r e s und E p e r - m a i l l e s.

Hydrobia Dauendorfensis n. sp.

Tf. III, Fig. 2.

In den grauen, vitriolreichen Mergeln von D a u e n d o r f im Unter-Elsass fand sich nicht gerade häufig eine kleine Hydrobie, welche ich mit keiner bekannten Species zu identifiziren vermag. Das porcellanweisse, glänzende, feingestreifte Gehäuse hat 6 Umgänge, ziemlich tiefe Nähte und einen deutlichen Nabelritz; es ist etwa 3 mm lang und 1,5 mm. breit. Die Mündung ist oval, steht ziemlich grade, und ist in der oberen Ecke stark zugerundet. Der Mundsaum ist nicht umgeschlagen. Die nächststehende lebende Form, welche unserer Art fast bis zur Identität gleicht, ist, wie ich mich in der Sammlung des

Herrn Dr. Böttger überzeugen konnte, *Hydrobia Simsoniana*
Beddon von Brighton bei Hobart-town (Tasmanien). Die
Dauendorfer Art ist etwas spitzer und die Umgänge sind etwas
runder als bei der recenten Form. Eine jungfossile Art *Hydrobia nitida* M. F., von Barren-Island in der Bass-Strasse steht
dieser Art gleichfalls nahe. Von unseren fossilen Formen lässt
sich noch am ersten die gedrungenere *Hydrobia bavarica* Sand.
aus dem Mittelmiocän von Leipheim mit *Hydrobia Dauendorfensis* vergleichen.

Hydrobia juv.? cf. Websteri Morris.

Tf. III, Fig. 1.

(Sandberger [l. c.], pg. 187. — Deshayes [l. c.], II, pg. 500, pl. 34,
Fig. 32—34. — Morris, *Quart. Journ. of the geol. soc.*, X, pg. 161,
Tf. II, Fig. 22.)

Eine andere Hydrobie aus den Dauendorfer Mergeln,
welche an *Hydrobia Websteri* Morr. aus dem englischen und
französischen Unter-Eocän erinnert, liegt mir in mehreren
Stücken vor. Das glänzende, feingestreifte Gehäuse hat eine
spitzkegelförmige Gestalt, flache Nähte und einen deutlichen
Nabelritz. Der rechte Mündungsrand bildet in seiner unteren
Partie eine gerundete Ecke. Das grösste Exemplar misst
3,2 mm in der Länge, 1,5 mm in der Breite und zeigt dabei
7 Umgänge. Ich habe die vorliegenden Exemplare, welche
wohl zur Gruppe der *Hydrobia Websteri* gehören und vielleicht
als neue Form aufzufassen sind, nicht mit Sicherheit bestimmen
können; einerseits, da ich *H. Websteri* nur aus der Abbildung
kenne, andererseits, da Zweifel darüber bestehen können, ob die
Dauendorfer Stücke vollständig ausgewachsen sind.

Steinkerne von Hydrobien, die wegen mangelhaften Erhaltungszustandes keine nähere Bestimmung zulassen, aber offenbar verschiedenen Arten angehören, finden sich in den Süsswasserkalken von Buchsweiler, vom Bischenberg und von Morschweiler im Unter-Elsass. Dieselben sind an den beiden letztgenannten Orten sogar häufig. Taf. I, 10 stammt von Buchsweiler, Fig. 9 kommt am Bischenberg und anderen Fundpunkten vor.

Planorbis pseudammonius SCHLOTHEIM sp. 1820.

Tf. II, Fig. 9—13.

(SCHLOTHHEIM, Petrefactenkunde, I, pg. 101. — SANDBERGER [l. c.], pg. 226, Tf. XIII, Fig. 10—12; etc.)

Derselbe ist einer der geologisch wichtigsten Planorben, zumal da er sich leicht durch seine grosse Zahl von Windungen und seine Form von den bei uns vorkommenden jüngeren Formen unterscheidet. Das Gehäuse ist oben ziemlich flach und nur in der Mitte ein wenig eingesenkt, an den Seiten gerundet und auf der Unterseite stärker vertieft. Er erreicht zuweilen einen Durchmesser von beinahe 40 mm, während die gewöhnliche Grösse nur 25 mm beträgt. Es sind 7 mit feinen Anwachsstreifen versehene Umgänge vorhanden. *Planorbis pseudammonius* ist ein Leitfossil für mitteleocäne Süsswasserschichten (nach SANDBERGER für Süsswasserbildungen vom Alter des Grobkalkes). Er ist ungemein häufig an vielen Stellen in Frankreich; am Oberrhein findet er sich im Unter-Elsass: bei Buchsweiler im Kalk und in den grünen Mergeln, bei Bitschhofen, Dauendorf, Neuburg und am Bischenberg bei Oberehnheim, in Baden bei Ubstadt, im Canton Solothurn bei Hobel. *Form. excavata n. f. (Tf. II, Fig.* 10). Als solche kann man die weitläufig aufgewundenen, dicken, auf

der Unterseite stark ausgehöhlten Exemplare bezeichnen. Obwohl diese Form im Extrem recht verschieden aussieht, so sind
doch alle Uebergänge zum flacheren Typus vorhanden[1].

Var. angigyra n. v. (*Tf. II, Fig. 12*). Diese Varietät
bildet das entgegengesetzte Extrem der vorigen Form, weicht
aber in noch höherem Grade von dem Typus ab. Es sind kleine,
dünne und sehr eng aufgewundene Stücke, welche auf der
Unterseite nur wenig vertieft sind. In Bezug auf die enge
Aufrollung erinnert v. angigyra an den *P. pseudorotundatus*
MATHÉRON[2], ist aber schon dadurch leicht zu unterscheiden,
dass bei ihr die Windungen breiter als hoch sind. Die Steinkerne sind schon in der Jugend von der typischen Form des
P. pseudammonius unterschieden. Es mag sein, dass man diese
Varietät nach späteren besseren Funden einmal zum Rang einer
eigenen Art erheben wird. Einstweilen ziehe ich vor, dies noch
nicht zu thun, da mir nur Steinkerne vorliegen, und es schwer
sein dürfte, dieselben immer sicher vom Typus zu trennen.

Var. Leymeriei DESH. (*Tf. II, Fig. 13*). Diese von
DESHAYES als Art, von SANDBERGER als Varietät angesehene Form
umfasst, im Gegensatz zu den typischen glatten, die mit Spiralsculptur versehenen Exemplare. Die Spiralstreifen sind meistens
recht deutlich und bilden, indem sie sich mit den Anwachsstreifen kreuzen, eine zierliche Gitterung. Die Streifung kann in

---

1. Das was NOULET als *P. Castrensis* bezeichnet (*Mém. sur les coq. foss.
des terrains d'eau douce du S.-O. de la France*, 1868, pg. 73), und was SANDBERGER
als eine Varietät von *P. pseudammonius* auffasst, deckt sich nicht mit der obengenannten Form. Ausserdem stimmen die verschiedenen Beschreibungen von *P. Castrensis*
durchaus nicht überein. Weil ich nichts derart aus dem rheinischen Eocän kenne,
wurde die Form füglich weggelassen.

2. *Pl. pseudorotundatus* MATH., 1843, wurde von SANDBERGER, L. Sw. C., pg. 220
und 226, mit *Pl. pseudammonius* SCH. sp. vereinigt. Neuerdings wurde derselbe von
MATHÉRON wiederum als selbständige Species abgebildet. *Recherches paléontologiques
dans le Midi de la France*. Marseille 1879. XV. Part., Pl. 0—1, Fig. 12.

verschieden starkem Masse ausgebildet sein, auch obliterirt sie bei sehr grossen Exemplaren auf der letzten Windung. Die Sculptur ist nicht an eine bestimmte Gestalt gebunden und findet sich sowohl bei der f. excavata als beim *Typus*. An Steinkernen ist natürlich keine Unterscheidung möglich. Diese Sculpturvarietät ist sehr verbreitet, ich kenne dieselbe aus unserem Gebiete von Buchsweiler, vom Bischenberg und von Hobel.

Planorbis (Segmentina) Chertieri DESHAYES 1864—66.

Tf. II, Fig. 14 *a*, *b*, *c*.

(DESHAYES [l. c.]; II, pg. 753, pl. 46, Fig. 5—8. — SANDBERGER [l. c.], pg. 226, Tf. XIII, Fig. 9.)

Denselben sammelte ich in zahlreichen, schönen Exemplaren in einem ziemlich hoch gelegenen Aufschluss NO vom Bastberggipfel in weichen kreidigen Kalkstücken. Im harten Kalke des tiefer gelegenen Steinbruches ist er beträchtlich seltener. Das Gehäuse ist oben gewölbt, in der Mitte nur ein wenig eingesenkt, unten abgeflacht und weit genabelt. Von einem Kiel ist nichts zu sehen. Die Abdrücke zeigen sehr feine, unregelmässige Anwachslinien. Der Durchmesser beträgt bis zu 13 mm, die Höhe meist 3 mm und der letzte Umgang nimmt über $^1/_3$ des Gesammtdurchmessers ein. Unter den vielen Exemplaren, welche ich gesehen habe, fielen mir einige kleine, abweichende Steinkerne aus dem harten Kalk auf. Dieselben sind dünner als gewöhnlich und sind an den Seiten etwas spitzer zugerundet. Ich glaube dennoch, dass sie zu derselben Art gehören, möchte aber darauf aufmerksam machen. *P. Chertieri* ist im französischen Eocän ziemlich verbreitet, in unserem Gebiet trifft man ihn ausser bei Buchsweiler, bei Ubstadt, wo er sehr

selten ist; etwas häufiger findet er sich bei Bernhardsweiler, und von Morschweiler besitze ich fragliche Reste.

Limnea olivula ROUIS 1868.

Tf. II, Fig. 8 *a—d*.

(SANDBERGER [l. c.], pg. 228, Tf. XIII, Fig. 14; etc.)

Eine kleine, etwa 10 mm lange, leicht kenntliche Art.
Das bauchige, oben kurz zugespitzte Gehäuse hat 5 Umgänge,
wovon die Höhe des letzten mehr als $\frac{1}{2}$ der totalen Länge
ausmacht. Die Nähte sind tief, die sehr dünne Schale besass
deutliche Anwachsstreifen, war öfters unregelmässig eingeschnürt
und am unteren Theil der kurzeiförmigen Mündung etwas umgeschlagen. *L. olivula* ist bei Buchsweiler ziemlich selten;
das bauchige Exemplar *(Tf. II. Fig. a)* stammt von diesem
Fundpunkte; es kommen aber grade hier auch schlankere Formen
vor, die bei mangelhafter Erhaltung nicht sicher bestimmbar
sind. Häufiger ist die Art am Bischenberg, woselbst sie
sich am nördlichen Abhang nicht weit von „Les Récollets"
findet.

Limnea Michelini DESH. 1864—66.

Tf. 1, Fig. 7 *a—d*.

(DESHAYES [l. c.]. II, pg. 718, pl. 45, Fig. 9, 10. — SANDBERGER [l. c.],
pg. 227, Tf. XIII, Fig. 13.)

Sobald man es mit ausgewachsenen, grossen Individuen zu
thun hat, ist diese Limneen-Art mit keiner anderen zu verwechseln. Sie zeichnet sich aus durch ihre grosse Zahl von
flachen Windungen (7—8) und durch ihren relativ kurzen,

runden, mehr aufgeblasenen letzten Umgang. Die Grösse, welche sie erreicht, beträgt bisweilen 30 mm. Anders verhält es sich, wenn man die Steinkerne jüngerer Individuen betrachtet, die Variabilität ist hier eine ungemein grosse, so dass man oft über ihre Zugehörigkeit zu dieser Species im Zweifel sein kann. In Anbetracht, dass die Variabilität der lebenden Limneen eine so ausserordentlich grosse ist, und dass wir es in Buchsweiler gewöhnlich nur mit Steinkernen zu thun haben, hielt ich es für rathsam, keine Arten aus der Formenmannigfaltigkeit auszuscheiden. Auch lassen sich bei den Steinkernen Uebergangsreihen zwischen verschiedenen Formen beobachten. L. Michelini findet sich ausser in Frankreich bei Longpont, St. Parres, Castres etc., bei Buchsweiler ziemlich häufig, auch dürften Steinkerne vom Bischenberg hierher gehören.

Limnea sp. ined.

Tf. I, Fig. 8 *a, b, c.*

Die abgebildeten Fragmente gehören nicht zum Formenkreis der vorigen Species. Sie sind durch ihre schlanke Gestalt, ihre lange, schmale Mündung und ihre oft wellig vertiefte oder gegitterte Schale unterschieden. Das mir vorliegende Material ist zu ungenügend, um eine genauere Fixirung dieser Art zu erlauben. Buchsweiler.

Succinea (Brachyspira) palliolum Rouis 1868.

Tf. II, Fig. 19 *a—c.*

(Sandberger [l. c.], pg. 232, Tf. XIII, Fig. 23; etc.)

Diese seltene nur von Buchsweiler bekannte Art ist ausgezeichnet durch ihre breite, flache Gestalt und ihre äusserst

kurze Spitze, welche nur $^1/_6$ der ganzen Länge ausmacht. Das
grösste meiner Exemplare hat fast 3 Umgänge und misst in
der Länge 11 mm, in der Breite 6 und in der Dicke 4,3 mm.
Die Mündung ist breit eiförmig und oben zugespitzt. Die dünne
Schale zeigt Anwachsstreifen und wird im Alter nach Succiucen-
Art öfters etwas runzelig gewellt.

Parmacellina SANDBERGER.

Die von Buchsweiler stammende *Parmacellina vitrinaeformis* SANDB. wurde von BRONN zu den Vitrinen gestellt.
SANDBERGER erkannte diese Bestimmung, wegen der Dickschaligkeit des Gehäuses, als irrig und indem er den obigen
Gattungsnamen schuf, wies er derselben einstweilen einen Platz
im System zwischen „*Peltella* und *Testacella*" an[1].

Nach einigen schönen Exemplaren, welche ich neuerdings
gesammelt habe, soll es versucht werden, diese fossile Nackt-
schnecke soweit wie möglich zu charakterisiren.

Das sehr dickschalige, äusserst fein gestreifte Gehäuse
gleicht in seiner Form, namentlich von oben gesehen, ganz den
Daudebardien. Jugendwindungen und späteres Anwachsgewinde
sind auf der Schale nicht zu unterscheiden wie bei *P. calyculata*
SBY. Auf der Unterseite weicht *Parmacellina* von *Daudebardia*
ab, die sehr grosse gerundete Mündung ist von einem verdickten Rande umgeben, welcher sich in der oberen Ecke
deutlich zahnartig erhebt. Die Dickschaligkeit hat *Parmacellina*
mit *Testacella* gemeinsam. Die Steinkerne lassen auf dem
unteren Theil des letzten Umgangs streifige Höckerchen und

---

1. Das Genus *Testacella* CUV. gehört jetzt zur Familie der Testacellidae, das
Gen. *Peltella* WEBB. und V. BEN. (= *Parmacella* CUV.) zur Familie der Bulimulidae
und schliesslich *Peltella* ADAMS (= *Mariaella* GRAY.) zur Familie der Vitrinen; wir
dürften uns hier schwer zurecht finden.

Grübchen erkennen, welche auf die rauhe und körnige Beschaffenheit der inneren Schale hindeuten. *Parmacellina* scheint mir zur Familie der Testacellidae zu gehören und würde ihren Platz im System zwischen den Gattungen *Daudebardia* HARTM. und *Testacella* Cuv. einnehmen.

Parmacellina vitrinaeformis SANDBERGER 1870—75.

Tf. II, Fig. 20 *a—d.*

(SANDBERGER [l. c.], pg. 232, Tf. XIII, Fig. 24.)

Bisher noch die einzige Art der Gattung, ist bei Buchsweiler ziemlich selten. Das kleine, dickschalige Gehäuse wird bis zu 8 mm lang und 5 mm breit, hat $1\frac{1}{2}$ Umgänge und eine elliptische unten etwas eckige Gestalt. Die innere Schalenschicht ist meist durch organische Substanz braun gefärbt, welche Farbe auch äusserlich etwas durchscheint. Die übrigen Merkmale finden sich in der Gattungs-Diagnose.

Oleacina (Boltenia) teres ROUIS sp. 1868.

Tf. I, Fig. 4 *a—f.*

(SANDBERGER [l. c.], pg. 232, Tf. XIII, Fig. 26; etc.)

Eine im Buchsweiler-Kalk seltene und noch nicht vollständig gekannte Art, welche sich in der Form der kleineren *Boltenia Sandbergeri* THOM. sp. aus dem Miocän von Hochheim am meisten nähert. Das Gehäuse ist lang und schmal, die Spitze noch unbekannt, die Mündung oben eng und spitz, unten erweitert und gerundet. Die Spindel ist nicht völlig rund, sondern vorne schwach kantig und verläuft ziemlich grade. Die Nähte sind doppelt und unterhalb derselben treten die ungleichen

Anwachslinien, welche die Sculptur bilden, am schärfsten hervor,
so dass auch hier an der Naht das für die Oleacinen so charakteristische, faltig zusammengefasste Aussehen zu Stande kommt.
Da die Spitze bei den mir vorliegenden 7 Stücken fehlt, so
lässt sich keine Angabe über die Höhe des Gehäuses machen.
Die Breite des grössten Exemplares beträgt an der Mündung
6 mm, die Mündungslänge 8,5 mm und der vorletzte Umgang
misst über ¹/₃ des letzten Umgangs. *B. teres* ist von keinem
anderen Fundpunkte bekannt. SANDBERGER erwähnt (L. Sw.
C. d. Vorw., p. 327) aus dem Brunnstatter Kalk eine grosse
schlanke *Oleacina* (resp. *Boltenia*), welche er mit *B. teres* vergleicht und glaubt, dass es MERIAN's *Limnea polita* sp. ined. sei.
Die ziemlich guten Exemplare, welche mir von Brunnstatt vorliegen, gehören in der That einer schlanken *Limnea* an (cf.
pg. 79).

Oleacina (Glandina) Cordieri DESH. sp. 1864—1866.

Tf. I, Fig. 2 *a—c*.

(DESHAYES [l. c.], II, pg. 836, pl. 53, Fig. 4—6. — SANDBERGER [l. c.],
pg. 233, Tf. XIII, Fig. 25; etc.)

Die Glandinen gehören trotz ihrer weiten Verbreitung in
der Regel zu den sehr seltenen Erscheinungen; anders verhält
sich dies in der Buchsweiler Fauna, wo *Glandina Cordieri*
sogar als ziemlich häufig gelten kann. Im Calcaire de St. Ouen
und in den Sables moyens kommt dieselbe Art hingegen sehr
selten vor. Das dünnschalige, sichelförmige Gehäuse ist oben
in eine kurze Spitze ausgezogen und hat 6 Umgänge. Dasselbe
misst in der Länge meist 37 mm, während die grösste Breite
16—18 mm beträgt. Die Mündungslänge ist 23 mm und die
Höhe des letzten Umgangs beläuft sich auf ²/₃ der gesammten

Höhe. Das Embryonalende ist stumpf, zitzenförmig und glatt, während die übrigen Windungen eine charakteristische Sculptur aufweisen. Die sehr deutlichen unregelmässigen Anwachslinien werden von feinen, dicht stehenden, öfters aufgelösten, welligen Längslinien durchsetzt. An den Durchschnittspunkten bilden sich kleine Knötchen, so dass die ganze Oberfläche unter der Loupe ein körniges, gitterartiges Aussehen gewinnt[1]. Die Spindel ist mässig breit, sanft gerundet und schräg abgeschnitten. Die Mündung ist schmal-eiförmig, oben sehr zugespitzt, der rechte Mundrand ist kaum gewölbt und erscheint etwas angedrückt.

Var. elongata n. var. *Tf. I, Fig. 6.* Als solche möchte ich eine Form von dem Typus abtrennen, welche mir in 3 Exemplaren, aber in keinem ganz untadeligen Stück vorliegt. Diese Form ist grösser und schlanker als der Typus. Die Breite beträgt 18 mm, die restaurirte Höhe würde circa 4,5 mm ausmachen. In der Sculptur ist keine Abweichung vorhanden.

G. Cordieri ist nahe verwandt mit einer in Mittel-Amerika lebenden Species *G. rosea* Fér., wie dies schon Deshayes erkannt und Sandberger bestätigt hat.

Oleacina (Glandina) Rhenana n. sp.

Tf. I, Fig. 1 *a, b, c.*

Gl. Rhenana ist durch ihre weit schlankere, mehr kegelförmige Gestalt von *G. Cordieri* gut unterschieden. Die Maassverhältnisse sind folgende: Die Länge beträgt 38 mm, die grösste

---

1. Sowohl die schematische Abbildung der Sculptur bei Deshayes (*Desc. des Animaux sans vert. découverts dans le bass. de Paris*, T. II, Pl. 53, Fig. 3), als auch bei Sandberger (L. Sw. C., Taf. XIII, Fig. 256), welche recht verschieden von einander sind, geben den Sachverhalt nicht ganz richtig wieder.

Breite 14,5 mm, die Mündungslänge 22 mm, die Höhe des
letzten Umgangs 26 mm. Die Anzahl der Windungen beläuft
sich auf 6'/₂. Die Form des Gehäuses ist sehr spitz-eiförmig
und das Embryonalende ist nicht zitzenförmig wie bei *Glandina
Cordieri*, sondern stumpf-convex. Das Embryonalende ist glatt,
die übrigen Umgänge zeigen unregelmässige, gebogene Anwachsstreifen und eine gitterförmige schwach körnige Sculptur
wie bei *G. Cordieri*, welcher sie auch in Bezug auf die Spindelfalte gleicht. Die doppelten Nähte sind sehr wenig vertieft.
G. Rhenana ist bei B u c h s w e i l e r sehr selten.

Oleacina (Glandina) Deeckei n. sp.

Tf. I, Fig. 3, *a, b*.

Die Gestalt des Gehäuses dieser kleinen Glandine ist
schmal spindelförmig, die Spitze ist kegelförmig gerundet, die
untere Partie erscheint schmal elliptisch. Die Länge beträgt
14,5 mm, die grösste Breite 5,5 mm, die Mündungslänge 8 mm
und die Höhe der letzten Windung 9,5 mm. Es sind 5 Umgänge vorhanden, welche durch feine gebogene Anwachsstreifen
verziert sind; diese Anwachsstreifen treten unter der schwach
vertieften, doppelten Naht am stärksten hervor. Ueberaus feine,
dichtstehende Querlinien durchkreuzen die Anwachsstreifen. Die
Spindel ist kurz, ziemlich dick und kaum gebogen. *G. Deeckei*, welche
bei B u c h s w e i l e r nicht häufig ist, zeichnet sich durch ihre
geringe Grösse und schmale Figur vor den anderen Arten dieses
Fundpunktes aus. In der Gestalt gleicht sie einigermassen der
miocänen *G. rugulosa* SAND., welche jedoch grösser und viel
stärker sculpturirt ist.

Cionella (Zua) formicina Rouis sp. 1868.

Tf. I, Fig. 5 *a, b, c.*

(Sandberger [l. c.], pg. 230, Tf. XIII, Fig. 18; etc.)

Dieser älteste Vertreter des Genus *Cionella*, den wir wohl
der Section *Zua* (Leach) einreihen dürfen, nähert sich in Form
und Grösse unserer recenten *Zua lubrica* Müll. sp. (in der Grösse
der var. exigua Menke). Die häufige kleine Schnecke ist meist
4,5 mm lang, gegen 2 mm breit und hat 7 Umgänge, welche
durch ziemlich flache Nähte getrennt sind und wovon die Höhe
der letzten Windung etwa der Breite gleichkommt. Die glatte
Schale ist dünn und an der zahnlosen, kurzen Mündung verdickt,
was sich an Steinkernen als schwache Einschnürung am Mund-
rande bemerkbar macht. In der Länge und Dicke variiren die
Exemplare ein wenig, sind aber stets leicht kenntlich. Die Form
der Mündung ist runder, und die Nähte sind weniger tief als
bei unserer recenten *Zua lubrica.* Die Art ist nur von Buchsweiler bekannt.

Azeca Böttgeri n. sp.

Tf. I, Fig. 6 *a—d.*

Schon bei oberflächlicher Betrachtung des grossen Cionellen-
Materials, welches ich vereinigt hatte, fand es sich, dass manche
Individuen durch ihre äussere Form abwichen. Die nähere
Untersuchung ergab, dass dieselben dem letzten Umgang und
der bezahnten Mündung nach zu *Azeca* gehören. Das Gehäuse
dieser ältesten *Azeca* ist 5 mm lang, 2,5 mm breit, hat 7 Um-
gänge, sehr flache Nähte und eine gerundet elliptische Gestalt.
Die Spitze ist convex-conisch. Der letzte Umgang nimmt etwas

mehr als ¹/₃ der ganzen Höhe ein und ist sehr wenig gewölbt. Die Mündung ist schief, schmal, besitzt einen verdickten Rand und 2 grosse, lamellenartige, constante Zähne. Ein grosser Zahn steht an der oberen Partie der inneren Mundseite (Mündungswand); ihm gegenüber etwas tiefer auf dem äusseren oder rechten Mundsaum befindet sich die zweite starke Zahnlamelle. *Azeca Böttgeri* ist weniger spitz, mehr cylindrisch gerundet, etwas grösser und hat noch flachere Nähte als *Cionella formicina;* auch sind bei der letzteren die Umgänge in einer steileren Spirale aufgewunden, was dadurch hervortritt, dass die Nähte derselben schiefer stehen als bei *A. Böttgeri. Azeca*-Arten waren bisher nur aus den jüngeren Tertiärschichten bekannt. Die Gattung reicht bis in die Jetztzeit und ist ausschliesslich europäisch. *A. (Azecastrum) tridens* PULT. (= *A. Menkeana* PFEIFF.), wohl die nächste lebende Verwandte, findet sich an einigen Punkten Deutschlands als Seltenheit. Dieselbe ist grösser, spitzer und besitzt mehr Zähne als unsere Art. Von den fossilen Arten dürfte *A. loxostoma* KL. aus dem Unt. Miocän von Mörsingen und Leissacker bei Regensburg der *A. Böttgeri* noch am nächsten stehen. Ich kenne die Art nur von Buchsweiler, woselbst sie häufig ist.

Pupa Buxovillana n. sp.

Tf. II, Fig. 1 *a, b, c.*

Abdrücke und ein Steinkern einer kleinen, bienenkorbartigen Pupa aus der Gruppe der *P. raricosta* SLAV. von Tuchoric (Unt. Mioc.) und der *P. lineolata* BRN. von Hochheim (Unt. Mioc.) liegen mir aus dem Buchsweiler-Kalk vor. Der Steinkern ist rechtsgewunden, zeigt 6 Umgänge, ist 2 mm breit und 3 mm lang. Die Umgänge sind bauchig, durch ziemlich tiefe Nähte getrennt und tragen eine zierliche Sculptur, welche aus etwas gebogenen, weit von einander abstehenden, scharfen Querrippen besteht. Auf einen Umgang kommen 20—22 Rippen und auf den 2 obersten Windungen scheinen dieselben vollständig zu obliteriren. Wahrscheinlich war ein Nabelritz vorhanden und war die Mündung zahnlos; sicheres lässt sich bis jetzt noch nicht darüber sagen, da möglicher Weise ein Stück von der letzten Windung fehlt. Die gleichalterige *P. Novigentiensis* Sand. ist in der Form ähnlich, soll jedoch eine glatte Schale haben.

Clausilia (Canalicia) densicostulata Sand. 1870—75.

Tf. II, Fig. 3 *a—d.*

(Sandberger [l. c.], pag. 231, Tf. XIII, Fig. 20.)

Das Gehäuse ist links gewunden, schlank, cylindrisch, dicht und scharf gestreift und besitzt eine stumpfe, cylindrische Spitze. Die Steinkerne und Abdrücke lassen die 3 gewöhnlichen Lamellen auf der Seite der Spindel und der Mündungswand erkennen; von einer Mondfalte ist jedoch nichts angedeutet. Böttger ist der Ansicht, dass diese Clausilie wahrscheinlich zur Gattung *Canalicia* gehört[1]. Ein ganz untadeliges Stück dieser seltenen Buchsweiler Art ist bisher noch nicht gefunden worden.

Palaeostoa nov. gen.

Auf Grund unvollkommener Bruchstücke wurde die Buchsweiler Art dieses Genus *P. Fontenayi* von Rouis zu *Pupa* und von Sandberger zu *Torquilla* gebracht. Weit besseres

---

1. Cf. *Palaeontographica* X, p. 310, 1863 (Gatt. *Canalicia*); ferner Böttger, Clausilienstudien, 1877, pg. 110.

Material zeigte uns jetzt, dass wir es mit einem neuen Genus zu thun haben.

Palaeostoa nimmt im System Stellung zwischen dem Genus *Megaspira* LEA und *Triptychia* SANDBERGER (= *Milne-Edwardsia* BOURG)[1]. Das rechts gewundene Gehäuse ist spitz kegelförmig, unten fast cylindrisch. Die Spindelfalten sind durchlaufend. Es ist eine kräftige, lange Basallamelle vorhanden und eine grosse Anzahl langer, fadenförmiger Gaumenfalten. Dieselben sind ungleich stark und zwar derart angeordnet, dass je mehrere schwache zwischen 2 stärkeren Gaumenfalten liegen. Der Mundsaum ist ein wenig umgeschlagen, was an das Genus *Clausilia* erinnert. Zu unserem Genus gehört, ausser der Buchsweiler Art, jedenfalls noch die *P. perdentata* F. EDW. aus dem Bembridge-Kalk von Sconce (Unt. Oligoc.), welche SANDBERGER ebenfalls als *Torquilla* anführt und auf ihre nahe Verwandtschaft zu *P. Fontenayi* hinweist. Ich konnte die englische Art nicht näher untersuchen, da ich sie nur aus der Abbildung kenne.

Palaeostoa Fontenayi ROUIS sp.
Tf. II, Fig. 2 *a—f.*

Syn.: *Pupa Fontenayi* ROUIS 1868. — *Torquilla Fontenayi* SAND., 1870—75 (l. c. pg. 231, Tf. XIII, Fig. 22). — *Clausilia crenata* SAND., 1870—75 (l. c. pg. 231, Tf. XIII, Fig. 19).

In allem liegen mir 38 Reste von dieser ziemlich seltenen Species vor, darunter befinden sich solche, bei welchen die Schale und andere, bei welchen alle Windungen erhalten sind, so dass wir uns eine gute Vorstellung von der interessanten Art machen können. Das Gehäuse ist lang-conisch, hat 12 Umgänge und wird etwa 22 mm lang, 6 mm breit. Die letzte

1. Cf. *Nachrichtsblatt der Deutschen Malakozoologischen Ges.*, XIV. Jahrg., Nr. 3, März 1882.

III.   4

Windung beträgt nicht ganz ¹/₃ der totalen Höhe. Die Schale ist ziemlich dick, auf den letzten Windungen fast glatt und nur mit äusserst feinen Anwachsstreifen versehen. Die Windungen der Spitze hingegen sind, namentlich unterhalb der nicht sehr tiefen Naht, grob gefältelt. Die Steinkerne und Abdrücke von der Spitze gleichen nach Form, Grösse und Sculptur der Abbildung SAND-BERGERS auf Tf. XIII, Fig. 19; das dort abgebildete rechts-gewundene Fragment wurde *Clausilia crenata* genannt; ich glaube diese Art mit der *Palaeostoa* vereinigen zu müssen. Die Mündung enthält 3 Spindelfalten und eine starke nicht sehr lange Basallamelle (lam. superior). Die Zahl der faden-förmigen Gaumenfalten, welche etwa 3 mm tief in der Mündung anfangen und sich durch den ganzen letzten Umgang fortsetzen, ist variabel. In der Regel sind 6—7 stärkere und dazwischen mehr als das doppelte an feineren Lamellen vorhanden. Bei ausgewachsenen Individuen ist der Mundsaum ein wenig um-geschlagen. Buchsweiler.

Nanina Voltzi DESH. sp.

Tf. II, Fig. 17 a—c.

(SANDBERGER [l. c.], pg. 230, Tf. XIII, Fig. 17. 1875; etc.)

Von dieser häufigen kleinen *Nanina*, welche SANDBERGER mit der recenten *Nanina minutiuscula* MART. (Sect. Macro-chlamys) von Amboina vergleicht, liegen mehr als 100 Reste vor. Das Gehäuse zeigt im grössten Durchmesser meist 10 mm, in der Höhe 4,5 mm — 6 mm und hat 5—6 Umgänge. Dasselbe ist oben flach gerundet, unterseits weit und durchgehend genabelt. Die Nähte sind oben deutlich aber flach, unten tief. Der Mund-saum besass scharfe Ränder. Die Schale ist dünn, glänzend und zeigt mit Ausnahme der beiden Embryonalwindungen feine Anwachsstreifen. Die Variabilität bezieht sich auf die Höhe und die mehr spitze oder gerundete Form der Oberseite. Diese Art ist bei B u c h s w e i l e r namentlich in den weissen kreidigen und den fein oolithischen Kalkstücken häufig.

Nanina occlusa F. Edw. sp.

Tf. II, Fig. 16 *a — c*.

(SANDBERGER [l. c.], pg. 228, Tf. XIII, Fig. 15. — EDWARDS, Eoc. mollusca, pg. 64, Tf. X, Fig. 10.)

Das Gehäuse hat 5—6 Umgänge, ist gegen 10 mm hoch und gegen 15 mm breit. Die Form ist niedergedrückt, oben und unten gewölbt und an den Seiten kantig gerundet. Die Nähte sind flach, der verdeckte Nabel erscheint an Steinkernen fein stichförmig. Der Mundrand ist unten ein klein wenig umgebogen, ein Umstand, der uns nicht daran hindern darf, diese ihrem ganzen Habitus nach zu den Naninen gehörige Species mit dieser Gruppe zu vereinigen. Die sehr dünne Schale zeigt Anwachslinien, welche oft bündelförmig zusammengefasst sind. *N. occlusa*, welche vom Untereocän bis in das Oligocän (Isle of Wight) reicht, ist bei B u c h s w e i l e r ziemlich häufig und unterliegt an diesem Orte auch einer gewissen Variabilität. Dieselbe findet darin ihren Ausdruck, dass die Gehäuse etwas kleiner, höher und runder erscheinen, sowie dass sie etwas tiefere Nähte zeigen. Man kann solche extreme Formen als *f. conica* bezeichnen, *Tf. II, Fig. 16 d*. Einzelne Exemplare von *N. occlusa* sollen sogar noch ein braunes Längsband erkennen lassen; ich habe dasselbe bei B u c h s w e i l e r nie beobachtet.

SANDBERGER rechnete *N. occlusa* noch zu den Heliceen, machte aber auf ihre nahe Verwandtschaft zu *N. Moussoni* PFR. (Habitat?) aufmerksam, und dürfte daher die Art vielleicht zur Section *Xesta* gehören.

Patula oligogyra n. sp.
Tf. II, Fig. 18 *a—c.*

Es ist die älteste bisher bekannte Species der Gruppe, deren Vorkommen im Eocän noch unbekannt war. Das kleine, flache Gehäuse hat einen grössten Durchmesser von 4 mm und besitzt 4¹/₂ Umgänge, welche ziemlich langsam an Breite zunehmen. Die untere, weit genabelte Schalenhälfte ist tellerförmig, die obere ist flach gewölbt. Beide Schalenhälften sind durch einen Kiel geschieden und zeigen ziemlich tiefe Nähte. Die charakteristische Sculptur besteht aus scharfen, etwas gebogenen Querrippen, welche die ganze Schale, mit Ausnahme des Embryonalgewindes bedecken. Auf der Unterseite schalten sich noch zwischen die Querrippen unter dem Kiel hie und da kurze, schwächere Rippen ein. Bei einem Abdruck konnte ich ausserdem Spuren von Längslinien unter dem Kiel wahrnehmen. Die Art scheint bei Buchsweiler sehr selten zu sein; ich kenne nur 2 Steinkerne nebst den Abdrücken, ausserdem noch einen isolirten Abdruck und schliesslich Spuren eines vierten Individuums. Keine von den Hochheimer *Patula*-Arten, welche ich mit derselben verglichen habe, steht unserer Art nahe; auch von den lebenden Species gleicht ihr die alpine *Pat. solaria* Mnke. nur wenig.

Helix laxecostulata Sand. 1870—75.
Tf. II, Fig. 15 *a—d.*
(Sandberger [l. c.], pg. 229, Tf. XIII, Fig. 16.)

Das kleine nicht sehr stark gewölbte Gehäuse misst bei den grössten Exemplaren 10 mm im Durchmesser und 6 mm

in der Höhe; dasselbe hat 4—5 Umgänge, welche durch tiefe
Nähte getrennt sind. Es ist oben flacher als unten und besitzt
einen tiefen, aber theilweise verdeckten, Nabel. Die Schale ist
vor der Mündung ziemlich stark eingeschnürt und letztere
erscheint ringsum gelippt. Die im Abdruck am schönsten erhaltene
Sculptur besteht aus unregelmässigen, theilweise aufgelösten
Querrippen, zwischen die sich eigenthümliche Papillen einschieben,
welche ich in der That für Haarpapillen halte. Dieselben gleichen
einem kleinen, erhöhten Punkt, welcher von einer vertieften
Rinne umgeben ist. Im Abdruck pflegen die Papillen und bei
erhaltener Schale die Querrippen deutlicher hervorzutreten. Diese
Helix wurde von VOLTZ als *hispida-antiqua* bezeichnet. Von
SANDBERGER wird sie mit der recenten *Hx. pyrrhozona* PHILL.
aus China verglichen. Diese zur Section *Camaena* gehörige Art
konnte ich durch die Güte des Herrn Professor GÖTTE in der
Strassburger Sammlung vergleichen und glaube kaum, dass
Hx. laxecostulata hierher gehört. Eher dürfte dieselbe mit der
Section *Gonostoma* HELD = *Anchistoma* KOB., so z. B. mit
der *Caracolina Corcyrensis* PARTSCH von Cephalonia verwandt
sein. Immerhin dürfte es kaum möglich sein, diese alte fossile
Art in eine bestimmte Section der lebenden Helices einzu-
ordnen. Die nur bei Buchsweiler vorkommende Art ist nicht
gerade häufig.

Pomatias Sandbergeri NOUL. 1868.

Tf. II, Fig. 6 *a, b.*

(NOULET, *Mém. sur les coq. foss. d. Ter. d'eau douce du S.-O. de la Fr.*,
II. ed., pg. 94. — SANDBERGER [l. c.], pg. 235, Tf. XIII, Fig. 29.)

Das Gehäuse ist verhältnissmässig breit, kegelförmig, 10 mm
lang, 5,5 mm breit und hat 7—8 Umgänge, welche mit gebogenen
dicht stehenden Querrippen verziert sind. Die Querrippen sind

nicht alle gleich kräftig entwickelt und zuweilen alternirt eine
stärkere mit einer schwächeren Rippe, was jedoch durchaus
nicht immer der Fall ist. Auf der Unterseite ist ein deutlicher
Nabelritz vorhanden. Die Mündungsränder sind umgeschlagen
und bilden eine nahezu kreisförmige Mündung. Diese älteste
Pomatias-Art ist bei Buchsweiler ziemlich häufig, sie findet
sich auch bei Ubstadt und in Süd-Frankreich, woselbst sie bis
in das Unteroligocän hinauf reichen soll. Der kurzen, breiten
Form nach steht ·*P. Sandbergeri* dem lebenden *P. striolatus*
Porro von Genua am nächsten.

Megalomastoma turgidum Rouis sp. 1868.

Tf. II, Fig. 5 *a*, *b*, *c*.

(Sandberger [l. c.], pg. 235, Tf. XIII, Fig. 28; etc.)

Vielleicht der Vorfahre der grösseren untermiocänen *Megal.
pupa* Brn. von Hochheim ist bei Buchsweiler äusserst selten.
Das Gehäuse ist 12 mm lang und halb so breit. Von den
6 Umgängen ist der zweitletzte am stärksten aufgeblasen. Die
Schale ist nicht sehr dick und fast glatt. Die Nähte sind tief,
der Nabel ist schmal und die runde Mündung hatte einen wenig
ausgebreiteten Rand, welcher wenigstens theilweise bei einem
Exemplar vorhanden ist.

Strophostoma striatum Desh.

Tf. II, Fig. 4 *a*, *b*, *c*.

(Sandberger [l. c.], pg. 234, Tf. XIII, Fig. 25; etc.)

Verdient in sofern besondere Beachtung als Deshayes auf
diese Buchsweiler Species hin, sowie auf *St. laevigatum*, zuerst

✦

seine neue Gattung *Strophostoma* begründete[1]. Die ausgezeichnet schöne und seltene Art liegt mir in 6 Exemplaren vor. Das Gehäuse ist mit einem scharfen Kiel versehen, welcher sich erst kurz vor der viereckig-gerundeten Mündung verliert, an der Stelle, wo dieselbe sich nach oben zu drehen beginnt. Der grösste Durchmesser beträgt 23 mm, die Höhe 8—9 mm und es sind 5 Umgänge vorhanden. Die Oberseite hat sehr flache Nähte. Die Unterseite ist weit und tief genabelt. Die Sculptur der Schale besteht aus dicht stehenden, unregelmässigen, öfters verzweigten Querrippen, welche unten etwas stärker hervortreten als oben und an einigen sonst gut erhaltenen Exemplaren fast ganz abgerieben sind. Ein Stück lässt rostbraune, aufgelöste Bänder auf der Oberseite erkennen, welche wohl Spuren der ursprünglichen Färbung sind. Nur bei Buchsweiler.

Carychiopsis quadridens n. sp.
Tf. II, Fig. 7 a, b.

Diese Species unterscheidet sich von den beiden anderen *Carychiopsis*-Arten, *C. Dohrni* DESH. sp. von Jonchery (Unter-Eoc.) und *C. costulata* SANDBERGER von Hochheim und Tuchoric (Unter-Mioc.) dadurch, dass dieselbe glatt ist und nur feine, aber deutliche Anwachsstreifen zeigt, was sie den typischen Carychien nähert. Die Mündung und die Anzahl der Zähne haben mich jedoch bewogen, dieselbe bei *Carychiopsis* unterzubringen. Die kleinen Steinkerne messen 1,6 mm in der Länge, 0,9 mm in der Breite und haben 5 Umgänge. Die Gestalt ist eiförmig zugespitzt, die Nähte sind tief. Die ziemlich schmale, wenig schiefe Mündung ist durch 4 Zähne eingeengt, von welchen 2 auf der

---

[1]. *Ann. des sciences*, I. sér., XIII, pg. 287, Tf. XI.

Spindelseite resp. Mündungswand und 2 auf der Gaumenseite stehen. Von den Zähnen auf dem äusseren Mundrand ist der obere etwas stärker als der untere. Auf der Spindelseite hingegen ist der untere, ziemlich senkrecht stehende Zahn grösser als der obere. Alle präparirten Exemplare zeigten völlige Constanz der Zähne. *C. quadridens* ist bei Buchsweiler nicht sehr selten, wird aber wegen ihrer Kleinheit leicht übersehen.

Calyculina Castrense Noul. sp. 1857.

(Sandberger [l. c.], pg. 321, Tf. XIII, Fig. 1—1 *a* etc.)

Die einzige bei Buchsweiler vorkommende Art, welche ich nicht besitze. Sie findet sich nur in den grünen Mergeln und fehlt gänzlich im Kalk. Es ist eine kleine, nahezu kreisrunde Art mit enggestellten, concentrischen Anwachsrippen. Nach Noulet ist dieselbe 6 mm lang und 2,5 mm dick. Sandberger bildet in den Ld. Sw. C., Tf. XIII, Fig. 1, 1 a die beiden Klappen ab. Dieselben sind recht verschieden von einander, und es ist leider nicht dabei bemerkt, ob sie dem gleichen Individuum angehören. *Calyculina Castrense* ist ausserdem von Castres, von Augmontel und von Labruguière bekannt.

Nachdem wir so die einzelnen Arten aufgeführt und kurz
charakterisirt haben, wollen wir versuchen, zum Schluss durch
einen allgemeinen Ueberblick ein Bild von der gesammten
Schneckenfauna zu entwerfen.

Aus dem oberrheinischen Mitteleocän sind im ganzen 28 sicher
bestimmte Arten bekannt, von welchen 7 durchaus neu sind. Von
diesen 28 Arten finden sich 27 bei Buchsweiler und 16 derselben
sind ausschliesslich dieser Lokalität eigenthümlich. Die Arten ver-
theilen sich auf 21 Genera und sind alle reine Süsswasser- oder
Landbewohner, so dass sich keine Spur eines brackischen Ele-
mentes in der Fauna bemerkbar macht. Von den genannten
Gattungen sind 5, nämlich *Parmacellina, Palaeostoa, Strophostoma, Carychiopsis* und *Euchilus*, in der Jetztwelt erloschen. Der
zoogeographische Habitus der anderen Genera und Species ist
auf der Schlusstabelle nach Möglichkeit zur Anschauung gebracht.
Wir finden, dass derselbe ein sehr gemischter, nicht einmal
durchaus tropischer ist. Es begegnen uns verwandte lebende
Formen in den verschiedensten Welttheilen, eine Thatsache, die
uns bei einer so alten Fauna als derjenigen von Buchsweiler
nicht befremdet. Auffallend ist das starke Ueberwiegen der Gas-
tropoden gegenüber den Zweischalern, welche nur in einer einzigen Art, *Calyculina Castrense* Noul. sp. in den grünen Mergeln
vertreten sind, während von dieser sogar jede Spur im Kalkstein fehlt. Es ist mehr als die doppelte Zahl von Landbewohnern
gegenüber den Wasserbewohnern vorhanden; jedoch treten die
letzteren durch ihren Individuenreichthum in den Vordergrund.
Die Wasserschnecken lebten wohl alle in den stehenden Gewässern des Sees. Von den Landbewohnern liebten die meisten
feuchte Standorte und hielten sich dicht an der Erde unter

Moos, Steinen oder im Uferschilf auf, wie *Succinea*, *Parmacellina*, *Cionella*, *Azeca*, *Glandina*, *Nanina* und *Carychiopsis*. Der jurassische Kalkboden, welcher die Unterlage und Umgebung des Sees bei Buchsweiler bildete, bot den zahlreichen Conchylien die günstigsten Bedingungen zu ihrem Gedeihen; so finden wir denn auch kalkliebende Genera, wie z. B. *Pomatias*, welche hier zum ersten Male und zwar in Menge auftritt. Die verhältnissmässig beschränkte Artenzahl gegenüber anderen Faunen, wie derjenigen des Süsswasserkalkes von Hochheim z. B., mag darin ihren Grund haben, dass wir es bei Buchsweiler mit einem sehr beschränkten Gebiete zu thun haben und der jedenfalls kleine See wohl nur von unbedeutenden Flüsschen oder Bächen aus der Nachbarschaft gespeist wurde. Die grosse Individuenzahl hingegen spricht dafür, dass einerseits die umwohnenden Conchylien günstige Lebensbedingungen fanden, und dass andererseits längere Zeit hindurch die gleichen Bedingungen andauerten.

Noch ein auffälliges Moment in dem Habitus der Fauna, welches Erwähnung verdient, ist, wenn man so sagen darf, der carnivore Charakter derselben. Raubschnecken treten sonst in den Land- und Süsswasserfaunen immer sehr zurück, während dies bei Buchsweiler nicht gerade der Fall ist. Die *Oleacinen*, deren lebende Vertreter als Raubschnecken bekannt sind, bilden bei Buchsweiler die artenreichste Gattung, indem sich drei *Glandinen* und eine *Boltenia* dort finden. Für *Parmacellina* müssen wir eine ähnliche Lebensweise annehmen wie für ihre nächsten recenten Verwandten *Testacella* und *Daudebardia;* dieselben sind beide lichtscheue, fleischfressende Thiere, die sich von kleinen Würmern und anderen Schnecken ernähren. Diese relativ hohe Zahl von Carnivoren deutet wiederum auf ein reiches Leben an niederen Thieren hin, welches sich an den Ufern des Sees entfaltete.

Versuchen wir es am Schlusse, auf Grund der allerdings

noch so lückenhaften, geologischen Thatsachen, uns eine Anschauung von den Bodenverhältnissen zu bilden, welche das
soeben behandelte Gebiet zur Mitteleocänzeit darbot.

Nachdem der obere Dogger zum Absatz gelangt war,
befand sich das südwestliche Deutschland offenbar in einer
Hebungsperiode und das Meer zog sich vom Elsass aus wie es
scheint nach Süden zurück. Es tritt alsdann eine grosse Lücke
in den geologischen Daten unseres Landes ein; vom oberen
Jura und namentlich von der Kreide fehlt jede Spur. Wir
können sogar fast mit Sicherheit behaupten, dass zur Kreidezeit
überhaupt keine Sedimentbildung im Elsass stattfand, denn wären
vorhandene Kreideschichten durch Erosion entfernt worden, so
würde man vermuthlich ihren Resten in den tertiären Conglomeraten begegnen, was niemals der Fall ist.

Nach dieser grossen Lücke folgen über den marinen Dogger-
schichten zunächst Süsswasserablagerungen, welche ihren organischen Einschlüssen nach als Mitteleocän zu bezeichnen sind
und die man ungefähr mit dem Pariser Grobkalk parallelisiren
kann. Eine einheitliche Wasserbedeckung, d. h. ein einziger
grosser Süsswassersee, war nicht vorhanden. Vielmehr machen es
die faunistischen und petrographischen Verschiedenheiten, sowie
der Habitus der einzelnen Ablagerungen wahrscheinlich, dass ein
ausgedehntes Festland mit mehreren kleineren Seen und Fluss-
läufen existirte. Das zahlreiche Auftreten von Landschnecken,
sowie die Verbreitung der Landsäugethiere sind ebenfalls dieser
Annahme günstig. Vogesen und Schwarzwald bestanden keinenfalls in ihrer heutigen Form; auch konnte von einem Rheinthale,
wie unserem jetzigen, nicht die Rede sein, indem die grossen
Verwerfungsspalten, welche dasselbe einfassen und welche im
Wesentlichen die Form des späteren Oligocänmeeres bedingten,
wohl noch nicht oder nur theilweise vorhanden waren. Im Elsass
selbst und in den umliegenden Ländern hatte zu jener Zeit

lokal schon die Bohnerzbildung begonnen, welche noch lange Zeit hindurch fortdauerte, jedenfalls bis zum Schlusse des Obereocäns. Wir haben somit Bohnerze, die älter und solche die jünger sind als der Buchsweiler-Kalk; ferner scheint es auch noch Bohnerze zu geben, welche mehreren Etagen des Eocäns zusammen entsprechen.

Wir haben es im allgemeinen im mittleren Europa mit einer Continentalepoche zu thun. Fast ganz Deutschland, die nördliche Schweiz und ein grosser Theil Frankreichs waren Festland und dieses Festland wurde im Norden und Nordosten von dem anglogallischen und der Bucht des Pariser Grobkalkmeeres, im Süden und Südosten von dem alpinen Nummulitenmeere umspült[1]. Im südlichen und südöstlichen Frankreich herrschen ähnliche Bedingungen wie im Südwesten von Deutschland, und wahrscheinlich sind weitverbreitete Arten, wie z. B. der *Pl. pseudammonius*, von dort her zu uns eingewandert. Auch die Lophiodonten, deren Haupttummelplatz ja Frankreich war, konnten sich auf diese Weise weithin nach Osten ausbreiten, wo man ihre Reste noch nördlich von dem Schwarzen Meere gefunden hat.

Zur Mitteleocänzeit war der wichtigste und zugleich wohl auch der älteste der rheinischen Seen derjenige von Buchsweiler. Er war anfangs flach und umwaldet, zur Zeit als die pyritischen, grünen Mergel und die Braunkohle sich bildeten; nur wenige Sumpfschnecken bewohnten denselben. Mit der Zeit vertiefte sich der See und aus seinen klaren, kalkhaltigen Gewässern schlug sich ein Gestein nieder, welches uns Spuren eines reichen Lebens bewahrt hat. *Propalaeotherium* und *Lophiodon*, von welchen das letztere wohl eine ähnliche Lebensweise wie der Tapir führte, überwiegen unter den Säugethieren. Auch findet sich eine von jenen eigenthümlichen Formen, die

---

1. Ueber die Vertheilung des Meeres und Festlandes zur Mitteleocänzeit, vergl. Hébert's interessanten und wichtigen Aufsatz. *Bull. soc. géol. Fr.* (2.) T. XII, Pl. XVI.

als Bindeglieder zwischen der Familie der Schweine und der
Affen stehen, wie dies schon der glücklich gewählte Name
Cebochoerus ausdrückt. Schildkröten und Krokodile deuten auf
den tropischen Charakter der Reptilienfauna hin. Der zahlreichen
Teich- und Sumpfschnecken, sowie der eingeschwemmten Land-
conchylien wurde schon des Näheren gedacht.

Etwas jünger sind wohl die Süsswasserkalke, welche wir
vom Bischenberg, von Bernhardsweiler und von Morschweiler kennen gelernt haben[1]. Dieselben tragen keinen so rein
limnischen Charakter mehr. Hydrobien wiegen vor, Paludinen
fehlen, und von Landschnecken fand ich nur ein Fragment, das
zur Gruppe der *Meg. mumia* LmK. sp. gehört; eine Gruppe, die
im obersten Eocän von Mülhausen reichlich vertreten ist. Es
scheint, dass das helvetische Meer zu jener Zeit sich von Süden
her dem Sundgau näherte; vielleicht sogar zeitweise einbrach
und, eine flache Bucht bildend, die Mergel (mit Gyps und Steinsalz?) im Liegenden des Brunnstatter Kalkes absetzte.
Mit der Zeit gewinnt jedoch das Süsswasser die Oberhand.
Wahrscheinlich ist, dass ein grösserer Fluss von Norden oder
Nordwesten her in die Sundgauer Bucht einmündete (Blättersandstein von Spechbach). Es bildet sich der Melanienkalk
von Brunnstatt, Klein-Kembs etc. Seine Fauna ist keine
rein limnische (*Melania, Melanopsis, Valvata, Nematura, Neritina*);
sie deutet auf den Absatz an einer Flussmündung hin und kann
die Nähe des Meeres (*Alexia*) nicht ganz verleugnen.

So wären wir bei der zweiten Tertiärstufe angelangt,
welche für den Elsass von Bedeutung ist, und es soll im nächsten
Kapitel versucht werden, die wichtigsten geologischen Verhältnisse derselben, soweit sie bekannt sind, in aller Kürze darzulegen.

---

1. Ob die *Hydrobien*-führenden Schichten von Dauendorf (Brunnen im Ort),
welche beträchtlich höher liegen als die alten Gruben (mit *Lophiodon*), denselben
beizuordnen sind, muss ich leider noch unentschieden lassen.

Tabellarische Uebersicht der Buchsweiler Conchylien-Fauna.

* bezeichnet Genera, welche aus älteren Schichten bisher nicht bekannt sind; h h = sehr häufig; h = häufig; z h = ziemlich häufig; s s = sehr selten; — bezeichnet das Fehlen; + Vorkommen ohne Häufigkeitsangabe.

		I. Buchs-weiler.	II. Andere Fund-punkte im Elsass.	III. Ubstatt in Baden.	IV. S. O. u. S. Frank-reich.	Zoogeographischer Habitus und andere Bemerkungen.
1.	*Paludina Hammeri* DEFR.	h	—	—	—	trop. asiatisch.
2.	*Paludina Orbignyana* DESH.	z h	—	h h	+	trop. asiatisch.
3.	*Euchilus Deschiensianum* DESH. sp.	h h	—	s	h h	australisch. Fossile Gattung.
4.	*Hydrobia Dauendorfensis* nov. sp. .	—	z s	—	—	australisch.
5.	*Hydrobia,* verschiedene sp.	z s	h	—	+	meist Steinkorne u. unbestimmb.
6.	*Planorbis pseudammonius* SCHL. sp.	h h	h	h	h	trop. amerikanisch.
7.	*Planorbis Chertieri* DESH.	h	s	s s	s	
8.	*Limnea olivula* ROUIS.	z s	z h	—	—	
9.	*Limnea Michelini* DESH.	z h	s	—	+	
10.	*Succinea palliolum* ROUIS.	s	—	—	—	trop. asiatisch.
11.*	*Parmacellina vitrinæformis* SAND. .	z s	—	—	—	
12.*	*Boltenia teres* ROUIS sp.	s	—	—	—	oceanisch.
13.	*Glandina Cordieri* DESH. sp.	z h	—	—	s s	trop. amerikanisch. Central A.
14.	*Glandina Rhenana* nov. sp.	s s	—	—	—	trop. amerikanisch.
15.	*Glandina Deeckei* nov. sp.	z s	—	—	—	
16.*	*Cionella formicina* ROUIS sp. . . .	h	—	—	—	nördliche Hemisphäre.
17.*	*Azeca Böttgeri* nov. sp.	h	—	—	—	europäisch.
18.	*Pupa Buxovillana* nov. sp.	s s	—	—	—	foss Gruppe.
19.*	*Palaeostoa Fontenayi* ROUIS sp. . .	z h	—	—	—	foss. Gruppe. Hab. trop.
20.	*Clausilia densicostulata* SAND. . . .	s	—	—	—	foss. G. (G. *Canalicia*).
21.*	*Nanina Voltzi* DESH. sp.	h	—	—	—	trop. insul. ind. or.
22.*	*Nanina occlusa* F. EDW. sp.	z h	—	—	—	trop. insul. ind. or. Auch Oligocän.
23.*	*Patula oligogyra* nov. sp.	s s	—	—	—	(östl. Hemisphäre).
24.	*Helix laxecostulata* SAND.	z h	—	—	—	mediterran.
25.*	*Pomatias Sandbergeri* NOUL.	z h	—	+	+	mediterran.
26.	*Megalomastoma turgidum* ROU. sp.	s s	—	—	—	trop. west. indisch.
27.	*Strophostoma striatum* DESH. . . .	s	—	—	—	foss. G. Hab. trop.
28.	*Carychiopsis quadridens* nov. sp. .	z s	—	—	—	foss. G. Hab. der gemäss. Zone.
29.	*Calyculina Castrense* NOUL. sp. . . .	+	—	—	+	nördl. Hemisphäre.

II.

DER MELANIENKALK

ODER

BRUNNSTATTER-KALK.

DER MELANIENKALK

ODER

BRUNNSTATTER-KALK.

———

In Bezug auf die geologischen Verhältnisse der hierher gehörigen Schichten ist die unten erwähnte Arbeit von KÖCHLIN-SCHLUMBERGER und DELBOS durchaus grundlegend. Die einzelnen Daten, welche sich auf diese Schichten beziehen, sind mit grosser Sorgfalt darin gesammelt und zusammengestellt. Wir können uns daher im Wesentlichen darauf beschränken, das dort angegebene, soweit es wichtig erscheint, nebst einigem neu hinzugekommenen kurz anzuführen. Was die palaeontologischen Verhältnisse angeht, so sind dieselben allerdings einer gründlichen Revision bedürftig, dieselbe konnte jedoch nicht ganz nach Wunsch vorgenommen werden, aus Mangel an einem hinreichenden Material, zumal da mir die Museen von Basel und Mülhausen zu einer eingehenden wissenschaftlichen Untersuchung nicht zugänglich waren.

———

Wichtigste Litteratur.

1848. Merian, P. Ueber die im Süsswasserkalke der Umgebung von Mülhausen aufgefundenen Schalthiere. Verhandlungen der na-
turforschenden Gesellschaft zu Basel, VIII, pg. 33—35.

1857. Meyer, H. v. Palaeotherium medium von Mülhausen. Leonhards
Jahrbuch. Brfefl. Mittheilung, pg. 555.

1859. Heer, O. Flora tertiaria Helvetiae, III, pg. 311.

1867. Delbos, J., et Köchlin-Schlumberger, J. Description géol. et
minéral. du département du Haut-Rhin, T. II, pg. 14—38.

1870. Greppin, J. B. Le Jura Bernois et Districts adjacents. In den
Matériaux pour la Carte géol. de la Suisse, VIII. livr. Berne,
p. 159.

1870—75. Sandberger, Fr. Die Land- und Süsswasserconchylien der
Vorwelt, pg. 322—327.

1877. Zündel, C. A., et Mieg, M. Notice sur quelques sondages aux
environs de Mulhouse et en Alsace. Bull. de la Société in-
dustrielle de Mulb., XLVII, pg. 631.

Zum obersten Eocäu gehörige Schichten sind im Rheinthale wesentlich auf den Ober - Elsass beschränkt. Es findet
sich ein weiteres Vorkommen bei Klein-Kembs, in Ober-
Baden, einem nahe am Rhein gelegenen Orte, und ausserdem
noch ein kleiner, vereinzelter Kalkfetzen bei Morvillars in
dem jetzigen Département du Haut-Rhin. Weiter abwärts im
Rheinthale, sowie im Mainzer Becken fehlen analoge Bildungen
durchaus. Die Hauptmasse der besprochenen Schichten bildet
im Sundgau und zwar südlich von Mülhausen eine zusammen-
hängende Ablagerung, deren Grenzen etwa durch folgende Orte
gegeben sind: Mülhausen im Norden, Nieder-Spechbach
und Altkirch im Westen, Schwoben und Sierenz im
Süden, Klein-Kembs im Osten. Auf diesem Gebiete treten
die Schichten jedoch keineswegs überall zu Tage. Sie werden

auf dem bei weitem grössten Theil der Oberfläche von jüngeren
Tertiärschichten (Blättersandstein[1], Fischschiefer, Cyrenenmergel[1]
und Gyps), von mächtigem Diluvium (Löss) und Alluvium bedeckt.
Ill und Rhein haben ihre Thäler in das wellige Kalkplateau
eingegraben und an der Stelle, wo der Rhein sein breites

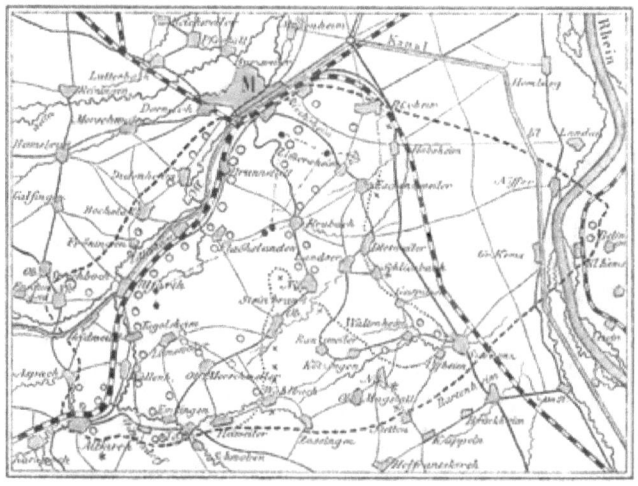

1·250000.

Kartenskizze zur Veranschaulichung der Lagerungsverhältnisse des Melanienkalkes im Sundgau, z. Th. nach der geol. Karte von Köchlin-Schlumberger. ○ Vorkommen von Melanienkalk als dichter Kalkstein oder feine kalkige Molasse wie bei Lümschweiler,
Kötzingen etc.; ⊙ sandige Ausbildung des Melanienkalkes (Spechbach); ─ ─ ─ ─ Umgränzung des Gebietes; ✕ Blättersandstein (grès à feuilles); * Molettaschichten;
. . . . . . Umgränzung; ⊠ Gyps von Zimmersheim; ● Cyrenenmergel (marne à cyrènes);
─ · ─ · ─ · ─ Verbindungslinie.

Strombett schuf, ist der Kalk wohl vollständig erodirt worden,
so dass jetzt kein Zusammenhang zwischen dem Kalk von

---

1. Die Ausdrücke Blättersandstein (grès à feuilles) und Cyrenenmergel (marnes
à cyrènes) sind nicht mit den im Mainzer Becken üblichen Bezeichnungen für gewisse
Miocän- und Oberoligocän-Schichten zu identifiziren.

Klein-Kembs und demjenigen der elsässer Seite mehr anzunehmen ist. Ausserdem ist es wahrscheinlich, dass die Kalkdecke früher im Westen über Altkirch hinaus bis in die Gegend von Delle reichte, wo sich noch der letzte Ueberrest bei Morvillars findet. An den beiden am weitesten von einander entfernten Punkten, im Osten und Westen, bei Klein-Kembs und bei Morvillars ruht der Melanienkalk auf dem Jura auf; doch schalten sich an dem erstgenannten Punkte noch Bohnerzthone an der Basis dazwischen ein.

Das Profil von Klein-Kembs mag nach den Angaben GREPPINS kurz angeführt werden (pag. 161):

1. Ackerboden und Lehm.
2. Grüne Mergel und grauer Kalk.
3. Bräunlicher bituminöser Kalk mit *Melania Laurae* etc., 20 bis 30 m.
4. Mergel und graue Kalke mit *Paludina viviparoides* (?)[1], 7 m.
5. Rothe, bröcklige Thone, 3 m.
6. Rothe, fette Bohnerzthone überlagern den Jura, 4 m.

Anders verhält sich die Lagerung in der Mitte des Sundgaues, wo verschiedene Bohrungen in der Gegend von Mülhausen gezeigt haben, dass sich im Liegenden des Melanienkalkes noch zum Tertiär gehörige Mergel befinden. In der oben erwähnten Arbeit von ZÜNDEL und MIEG sind einige dieser Bohrungen auf einer Tafel graphisch zusammengestellt. Wir geben in Fig. 3 eine Copie der beiden für den Melanienkalk wichtigsten Bohrprofile. A. stellt das Profil des „Puits Heidet" dar, welcher auf der Höhe des Mülhauser Rebberges 98 m tief niedergebracht wurde. Man fand 8 m Löss, 67 m

---

1. Cf. pg. 77.

Süsswasserkalk und dann 18 m blaue Mergel. Nicht weit davon, im zoologischen Garten (B.), erreichte man 66 m Tiefe.
Zuoberst fand man Löss, über dessen Mächtigkeit keine Notiz
vorliegt, dann bis zu 62 m Tiefe Süsswasserkalk mit einem
kleinen erdigen Braunkohlenflötz bei 44 m und drang schliesslich noch 4 m tief in die blauen Mergel ein.

Aus diesen Beispielen
geht zur Genüge die bedeu-
tende Mächtigkeit hervor,
welche der Melanienkalk
südlich von Mülhausen
erreicht. Was die liegenden
Mergel betrifft, so wissen
wir nur wenig über die-
selben; sie sollen ganz
fossilfrei sein und dürfen
keinenfalls mit den ander-
wärts im Elsass verbrei-
teten oligocänen (tongri-
schen) Mergeln verwechselt
werden. Im Norden schnei-
det der Melanienkalk auf-
fallend scharf gegen die
oligocänen Bildungen ab
und selbst Bohrungen über

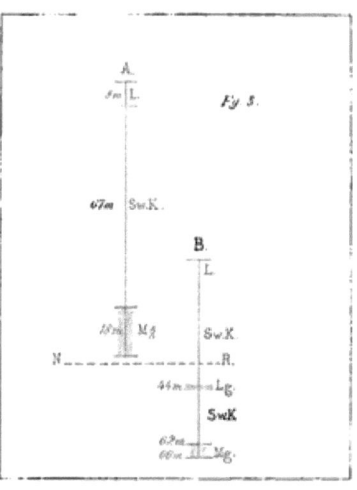

(Nach Zündel und Mieg) A. Puits Heidet; B. Puits du
jardin zoologique; L. = Diluvium; Sw. K. =
obercocäner Kalk; Mg. = eocäne Mergel;
Lg. = Braunkohlenflötz; N. R. Niveau des
Réunions-Platzes in Mülhausen.

200 m haben denselben nicht in der Tiefe angetroffen. Bei
Dornach fand man jedoch unter dem Oligocän, petrographisch
abweichende, dunkle Mergel, welche Steinsalz und Gyps führten.
Es ist wahrscheinlich, dass diese Mergel den Melanienkalk unterteufen; auch Mieg ist geneigt, dieselben als Eocän anzusehen. Wenn
man hingegen diese Mergel mit dem Gyps von Zimmersheim,

Bamlach etc. vereinigen wollte, so wäre die Annahme einer Verwerfung nöthig.

Die Lagerung des Melanienkalkes ist im ganzen Gebiete eine nahezu ungestörte, horizontale und man nimmt nur zuweilen ein schwaches Einfallen wahr. Im allgemeinen scheint die Regel zu gelten, dass das Einfallen nach den Rändern der Ablagerung zu stattfindet, abgesehen von lokalen Faltungen (z. B. bei Brunn-statt) und kleineren Verwerfungen (z. B. bei Diedenheim).

Der petrographische Charakter der Schichten ist im Ganzen ein einförmiger. Das Hauptgestein besteht aus einem in mehr oder weniger dicken Bänken auftretenden, dichten, ziemlich dolomitischen Kalk. Dieser Kalkstein besitzt einen muscheligen Bruch und zeigt meist eine hellgraue, seltener dunkle, grau-braune Farbe. Dieser typische Melanienkalk ist am schönsten und mächtigsten im nördlichen Theil des Gebietes, so z. B. bei Brunnstatt entwickelt. Aehnlich wie bei Buchsweiler trifft man auch Kalkbänke an, welche aus einem fleckigen, breccien-artigen Kalke bestehen. Eine solche Kalkschicht ist z. B. in einem Steinbruche bei Geispitzen zu beobachten[1]. Neben dem compacten Kalk kommen ferner körnige Varietäten vor, so der Kalk vom Lümschweiler, welche wiederum ihrerseits in feinkörnige Kalkmolassen übergehen. Diese finden sich unter anderem in nicht sehr mächtigen Bänken bei Klein-Kembs und bei Kötzingen. Im westlichen Theil bei Altkirch sieht man Kalkbänke und Mergel mit Bänken von gelbem Kalksand-stein wechsellagern. Bei Nieder-Spechbach schliesslich

---

1. Der Steinbruch auf dem Weg von Sierenz nach Geispitzen zeigt folgende Lagerungsverhältnisse: Oben Löss, dann graublaue, öfters schiefrige Mergel, mehrfach wechselnd mit gelbem Kalksandstein. Die Mergel enthalten zuweilen verkohlte Pflanzen-spuren. Darunter folgt fleckiger Kalk, schliesslich grauer, compacter Kalkstein. Die zahlreichen Klüfte sind mit dicken Krusten von Kalkspath überzogen. Ein schwaches, südwestliches Einfallen ist wahrzunehmen.

überwiegt, wenigstens in den tieferen Schichten, die sandige Facies vollständig. Zwischen die Kalkbänke sind oft Mergelschichten (namentlich bei Kötzingen) eingeschaltet, und zuweilen trifft man auch dünne Flötze von erdiger Braunkohle an. Das bekannteste derartige Braunkohlenvorkommen ist das von Illfurt, welches zu Anfang dieses Jahrhunderts Veranlassung zu mehrfachen Nachforschungen nach Braunkohlenlagern gab. Man fand jedoch nur ganz unbedeutende, wenige Centimeter dicke Flötzchen von geringer Erstreckung.

Als besondere Eigenthümlichkeiten sind noch die im Riedisheimer Steinbruch vorkommenden Hornsteinconcretionen zu erwähnen, welche zuweilen verkieselte Limneen und andere Süsswasserconchylien einschliessen, also sich an Ort und Stelle gebildet haben. Ferner erwähnt Delbos das Vorkommen einer dunkelbraunen bis schwarzen, sehr phosphorsäurereichen Erde, welche Bruchstücke von Melanienkalk und verwitterte Knochen enthält. Dieselbe findet sich nur auf dem Britzy-Berg östlich von Illfurt.

Während die sandigen Schichten vorwiegend pflanzliche Reste enthalten, sind die dichten Kalke namentlich von thierischen Resten erfüllt und die plattgedrückten Schalen von Melanien bedecken oft zu Hunderten die Schichtflächen. Der einzige Steinbruch, welcher wohlerhaltene, bestimmbare Pflanzen geliefert hat, ist derjenige von Nieder-Spechbach; derselbe ist jetzt vollständig verlassen. Heer hat folgende 31 Arten von dieser Lokalität beschrieben[1].

1. *Pteris Ruppensis* Heer.
2. *Carex tertiaria* Heer.
3. *Salix varians* Goep.
4. *Salix Lavateri* Heer.

---

1. Diese Arten sind auch in Delbos und Köchlin-Schlumberger, *Descript.*, pg. 17, aufgeführt.

5. *Myrica Graeffi* HEER.

6. *Myrica Studeri* HEER.

+7. *Betula microphylla* HEER.

8. *Quercus lonchitis* UNG.

+9. *Quercus Schimperi* HEER.

+10. *Quercus Koechlini* HEER.

11. *Laurus primigenia* UNG.

+12. *Dryandra gracilis* HEER.

13. *Dryandra Schranckii* STERNB.

14. *Dryandroides lignitum* UNG. sp.

15. *Diospyros brachysepala* AD. BRONG.

16. *Echitonium sophia* WEB.

17. *Myrtus Dianae?* HEER.

+18. *Callistemophyllum Mougeoti* HEER.

+19. *Callistemophyllum Mühlenbecki* HEER.

20. *Eucalyptus oceanica* UNG.

21. *Celastrus Ettingshauseni* HEER.

22. *Celastrus pseudo-ilex* ETTINGSH.

+23. *Ilex primiformis* HEER.

24. *Zizyphus tiliaefolius* UNG. sp.?

25. *Paliurus tenuifolius* HEER.

26. *Rhus Pyrrhoe* UNG.

+27. *Crataegus alsatica* HEER.

28. *Caesalpinia Haidingeri* ETTINGSH.

29. *Acacia Parschlugiana* HEER.

30. *Mimosites Haeringiana* ETTINGSH.

+31. *Phyllites Buchingeri* HEER.

Ausserdem findet man in dem Melanienkalk selbst un-
bestimmbare Pflanzenstengel und Gräser, sowie:

Chara helicteres BRG. bei Klein-Kembs. Die Weiden
(*Salix varians*) und Eichenblätter überwiegen in der Flora der
Masse nach. 9 Arten, welche mit + bezeichnet, sind für den

Fundort Spechbach eigenthümlich. Bemerkenswerth ist ferner, dass *Cinnamomum*, welches in den übrigen jüngeren Blättersandsteinen des Elsasses durchaus prävalirt, hier ganz fehlt. Ebenso hat Spechbach keine Palmen geliefert.

Die Fauna ist im ganzen ärmer als die Flora, jedoch ist ihre Verbreitung eine grössere. Es wurde bisher folgendes gefunden:

1. Wirbelthiere.

Palaeotherium medium Cuv., von H. v. Mayer bestimmt. Ein Unterkiefer[1] und vereinzelte Zähne aus dem Brunnstatter Steinbruch. Ferner ein isolirter Eckzahn von Rixheim. Ich möchte letzteren auch zu *P. medium* stellen und ihn als linken, oberen Caninen aussprechen, indem er nur an seiner vorderen Schmelzkante eine schwache Usur zeigt. Cuvier gibt folgende Beschreibung des *Palaeotherium*-Eckzahnes. *Oss. foss.*, III, pag. 6. „La canine n'est point une défense . . . ., c'est un simple cône oblique, un peu arqué, dont la face interne est un peu plane, et l'externe plus qu'un demi-cône. Les faces sont distinguées par deux arêtes longitudinales et leur base est entourée de la même ceinture que l'on voit aux molaires." Alles dies gilt für unseren Zahn, nur dass die Innenseite recht stark abgeflacht ist. Der Zahn ist auf *Tf. III, Fig. 17* wegen seiner auffallenden Form, abgebildet[2].

Theridomys sp. Erwähnt Greppin (p. 159) von Klein-

---

1. Dieser Unterkiefer wird im Museum der Soc. indust. zu Mülhausen aufbewahrt.

2. Aus dem Badischen ist das Vorkommen von *Palaeotherium magnum* Cuv. in dem Sandstein von Pfaffenweiler südlich von Freiburg bekannt. Vermuthlich gehören die Schichten zum Unt. Olig. Beitr. zur Statistik der inneren Verwaltung des Grossherzogthums Baden, XII, p. 20, 1862.

Kembs. Diejenigen Reste, welche mir von dieser Lokalität vorliegen, erlauben nicht die Bestimmung der Species.

Schildkröten. Ueberreste einer Schildkröte (*Emys sp.*) gibt SANDBERGER (pg. 327) von Klein-Kembs an. DELBOS und KÖCHLIN-SCHLUMBERGER (pg. 16) erwähnen Schildkröten? Eier von Morvillars.

2. Conchylien des Melanienkalkes.

1. *Neritina brevispira* SANDBG., L. Sw. C., Tf. XVI, Fig. 17, pag. 322. Als Seltenheit bei Klein-Kembs, ferner bei Illfurt.

2. *Melania Laurae* MATHÉRON. Als *Mel. Escheri* BRONG. v. Laurae MATH. in SANDBG., L. Sw. C., pg. 323, Tf. XVII, Fig. 17. Diese häufigste Art im Brunnstatter-Kalk, welche oft ganze Schichtflächen bedeckt und Veranlassung zu dem Namen Melanienkalk gibt, gehört zu der Gruppe der *M. Escheri.* BRONG. Von MERIAN und DELBOS wurde sie geradezu als *M. Escheri* bezeichnet. SANDBERGER führt sie als Varietät Laurae der obengenannten Art auf, und GREPPIN als *M. Laurae* (= *M. Koechlini* GREPP.). Die verbreitete Gruppe der *M. Escheri*, zu welcher wir wohl auch die *M. alpina* MAY. und die *M. albigensis* NOUL. zählen müssen, reicht vom Eocän bis in das Miocän, woselbst sie ihr Maximum erlangt. SANDBERGER unterscheidet 5 Varietäten der ächten *M. Escheri.* Im Oligo-cän var. bicincta SD.; im Miocän var. ecostata SD., var. aquita-nica (NOUL.), var. grossecostulata SD. und var. rotundata SD. Die letzte dieser Varietäten, bei welcher namentlich die Quer-leisten in grosser Zahl und sehr gleichmässig entwickelt sind, findet sich im Miocän von Vermes bei Delsberg. Sie liegt mir in grosser Zahl aus der GREPPINschen Sammlung vor. Diese

Varietät ist es, welche, wie schon Sandberger bemerkt hat, sich der *M. Laurae* am meisten nähert. Sie gleicht namentlich jugendlichen Exemplaren von Klein-Kembs, jedoch kommt bei v. rotundata niemals bie knotige Sculptur auf der letzten Windung zu Stande. Ferner gilt noch als Unterschied, abgesehen von der charakteristischen Sculptur, dass *M. Laurae* grösser, gedrungener ist und eine rundere Mündung besitzt als der Typus oder die Varietäten der *M. Escheri*.

Das im Alter decollirte Gehäuse der *M. Laurae* hat eine Länge von 50—60 mm, während die Breite gegen 20 mm (an nicht comprimirten Steinkernen) beträgt. Bei ausgewachsenen decollirten Stücken zählt man meist 6—7 Umgänge, während etwas jüngere, die noch nicht so stark abgeworfen haben, 8 Umgänge zeigen; die totale Windungszahl würde, wenn alles erhalten bliebe, sich sogar auf etwa 17 Umgänge belaufen. Die Spitze, welche sich an den zahlreichen jugendlichen Exemplaren beobachten lässt, ist ungemein schlank. Die ersten 6 Windungen messen zusammen nur 2 mm; auch sind dieselben glatt und erst auf der 5. oder 6. zeigen sich Querleisten. Die Zahl der Querleisten beträgt auf einem Umgang durchschnittlich 10 und wird auf den unteren, breiten Windungen, wo sie in der Regel ganz obliteriren, nicht vermehrt. Zwischen den Querrippen stehen feine, unregelmässige Anwachsstreifen, welche nach der Mündung zu gröber werden; in dem Maasse wie die Querrippen verschwinden. Ferner sind 4—6 Längskiele vorhanden, welche, auf den unteren Windungen namentlich, stark hervortreten und deren Zahl auf dem letzten Umgange meist 7 beträgt. An den Kreuzungspunkten der Längskiele mit den Querleisten bilden sich kleine Knoten; ihre Zahl ist auf der letzten Windung sehr vermehrt, indem auch die Anwachsstreifen sich an deren Bildung betheiligen. Es entsteht auf diese Weise die für *M. Laurae* so bezeichnende Gitterung.

Bei der grossen Häufigkeit ist natürlich eine gewisse Variabilität nichts Auffallendes. Die Sculptur ist wechselnd stärker oder schwächer ausgebildet und die Knötchen erscheinen manchmal in der oberen Reihe etwas dornig.

Melania Laurae findet sich bei Klein-Kembs, Brunnstatt, in den Steinbrüchen bei Mülhausen (Tannenwald), bei Riedisheim, Nieder-Spechbach', Morvillars und wird ausserdem von SANDBERGER aus den Mergeln von Apt erwähnt.

3. *Melanopsis (Macrospira) Mansiana* NouL. var. SANDB., L. Sw. C., p. 324, Tf. XVIII, Fig. 2. Dieselbe unterscheidet sich von dem Typus, welcher im Palaeotherienkalk von Süd-Frankreich vorkommt, durch ihre nicht so stark verlängerte Spitze. Sie liegt mir von Klein-Kembs, Illfurt und Nieder-Spechbach vor, wo sie überall ziemlich häufig ist.

4. *Melanopsis* cf. *carinata* Sow. *var.* Neben *Melanopsis Mansiana* findet sich bei Illfurt noch eine zweite Art, welche durch ihre seicht ausgehöhlten Umgänge und ihren scharfen, an der Naht dachförmig überstehenden Kiel leicht zu unterscheiden ist. Das ganze Gehäuse hat durchaus einen an *Pyrgula* erinnernden Habitus. Die englische *M. carinata* Sow. steht unserer Art nahe. Sie ist sehr verbreitet und reicht vom Obercocän (Rallingen) bis in das Mitteloligocän. Ich glaube, dass wir unsere Art als Varietät derselben ansehen müssen, indem sie sich folgendermassen unterscheidet: Sie ist schlanker und spitzer und zeigt noch schärfere Nahtkanten. Die Mündung konnte ich leider nicht untersuchen.

5. *Nematura?* sp. SANDBG., L. Sw. C., pg. 326, Tf. XVIII, Fig. 9. Nur einmal bei Klein-Kembs gefunden.

---

1. Der für die Melanienkalk-Conchylien erwähnte Steinbruch, zwischen Nieder-Spechbach und Illfurt, ist nicht mit dem nahe dabei gelegenen Sandsteinbruch zu verwechseln, welcher früher die Pflanzenreste geliefert hat.

6. *Hydrobia indifferens* Sdbg., L. Sw. C., pg. 324, Tf. XVIII, Fig. 4. — *Tf. III, Fig. 5.* Die Steinkerne zeigen 5—6 Umgänge und messen 2,5 mm. Die Nähte sind tief, die Schale ist fast glatt. Bei dem von Sandberger abgebildeten Exemplar dürfte der letzte Umgang verzeichnet sein; wenigstens begegnete mir kein Exemplar, welches mit seiner Abbildung übereinstimmt. Ziemlich selten bei Klein-Kembs und bei Brunnstatt. Schlankere Exemplare von Hydrobien mit 6—7 Umgängen, welche sich vielleicht an diese Art anschliessen, fand ich im Abdruck bei Nieder-Spechbach.

7. *Valvata circinata* Mer. sp., Sandbg., L. Sw. C., pg. 324, Tf. XVIII, Fig. 5. Da das von Sandberger abgebildete Exemplar etwas zu flach erscheint, so wurde auf *Tf. III, Fig. 6* von neuem die Abbildung eines Steinkernes dieser häufigen kleinen Art gegeben. Das Gehäuse hat keinen sehr weiten Nabel, zeigt 3—4 Umgänge und erreicht bis zu 1,5 mm Höhe. Für eine so kleine *Valvata* hätten wir es mit einer sehr hoch gewundenen Form zu thun, welche in der Gestalt an *Amnicola* erinnert. Brunnstatt, Klein-Kembs, Nieder-Spechbach und Rixheim.

? *Paludina viviparoides* Bronn. = P. Hammeri Defr. wird von Greppin (pg. 160) von Klein-Kembs erwähnt. Weder ich, noch so viel ich weiss irgend jemand anders, hat je im Melanienkalk eine grosse Paludinen-Art beobachtet. Auch befindet sich in der Greppinschen Sammlung kein Fossil mit der obigen Bezeichnung. Vielleicht dürfte ein Irrthum vorliegen.

8. *Nystia polita* F. Edw. sp. Die beiden Stücke, welche zu dieser Art gehören, stammen von Brunnstatt. Das kleine decollirte Gehäuse hat eine Länge von 6 mm, eine Breite von 3,2 mm und zeigt 3—4 Umgänge. Die Nähte sind schmal und die Windungen sehr flach. An dem am besten erhaltenen Stück sind Spuren von einem Nabelritz zu erkennen. Die Mündung

ist spitzig eiförmig, der Mundrand ist am oberen Theil verdickt und schwach, unten stärker umgeschlagen. Diese im Obereocän der Headon-Series verbreitete Art kenne ich aus dem Elsass nur von Brunnstatt.

9. *Planorbis* cf. *goniobasis* SANDBG. Derselbe wird als *Pl. rotundatus* BRARD. bei DELBOS (pg. 17) von Brunnstatt und Morvillars und bei GREPPIN (pg. 159) auch noch von Klein-Kembs erwähnt. Das thatsächliche Vorkommen eines wohl hierher gehörigen grossen *Planorbis* könnte ich ferner bei Kötzingen und Nieder-Spechbach beobachten. Die Art ist selten und der Erhaltungszustand ungenügend.

10. *Planorbis patella* SAND., L. Sw. C., pg. 324, Tf. XVIII, Fig. 6. Nicht häufig bei Klein-Kembs, Brunnstatt, Mülhausen (Tannenwald) und Rixheim.

11. *Planorbis* sp. SAND., L. Sw. C., pg. 325. Noch ein anderer kleiner segmentiner *Planorbis* aus dem Melanienkalk wird von SANDBERGER erwähnt, welcher zwischen *Pl. Chertieri* (Ob. Eoc.) und *Pl. Lartetii* (Mioc.) stehen soll. Ich habe mir kein gutes Exemplar davon verschaffen können.

12. *Limnea marginata* SAND., L. Sw. C., pg. 325, Tf. XVIII, Fig. 7. Die häufigste *Limnea* im Melanienkalk, deren Mündung allerdings noch unbekannt ist. In ihrer Form ist diese *Limnea*, welche der *L. strigosa* BRONG. von Pantin sehr nahe stehen soll, ziemlich variabel. Kleinere, spitze Exemplare mit flachen Nähten und glatter Schale gleichen oft der *L. elongata* M. DE SERRES aus dem Bembridge-Kalk. Alle 3 soeben genannten Limneen gehören in die Gruppe des *L. longiscata* BRONG., welche für das Obereocän bezeichnend ist. Ganz typische Exemplare sind häufig bei Klein-Kembs, abweichende Stücke finden sich bei Brunnstatt, Altkirch, etc.

13. *Limnea fusiformis* Sow. Dieselbe wird von DELBOS (pg. 17) aus dem Kalk von Morvillars erwähnt. Steinkerne,

die wahrscheinlich hierher gehören, besitze ich von Brunnstatt. Ferner liegt mir ein auffallend spitz aufgewundenes Steinkern-fragment von Kötzingen vor, welches jedenfalls nichts mit *L. marginata* zu thun hat. (*Tf. III, Fig. 8* neben *L. marginata,* Fig. 7, letztere Skizze nach SANDBERGER XVIII, 7a.)

14. *Limnea polita* MER. ined. *Tf. III, Fig. 10.*

MERIAN gibt folgende Beschreibung ohne Abbildung: „9 Win-dungen, 9²/₄ mm lang, 3 mm breit, Naht kaum sichtbar. Selten." SANDBERGER vermuthet, dass diese *Limnea* eine *Olcacina* sei. Eine genau auf MERIANS Diagnose passende Form fand ich nicht im Melanienkalk, jedoch liegen mir verschiedene Exem-plare einer sehr schlanken *Limnea* vom Habitus unserer recenten *L. glabra* MÜLL. vor. Es mag sein, dass MERIANS *L. polita* einen extremen Fall unserer ziemlich variablen Formen darstellt.

Das kleine, ungemein schlanke Gehäuse ist spitzkegel-förmig und besitzt sehr flache Nähte. Die Schale erscheint im Abdruck fast glatt, kaum merklich gestreift. Bei einer durch-schnittlichen Grösse von 12 mm sind meist 6—7 Umgänge vorhanden. Ueber die Mündung lässt sich noch nichts aus-sagen. Selten bei Brunnstatt und Nieder-Spechbach.

15. *Limnea subpolita* n. sp. *Tf. III, 9—9c.* Steht der vorigen Form sehr nahe und gehört auch zur Gruppe der *L. glabra.* Sie unterscheidet sich durch ihre bedeutendere Grösse und ihre relativ geringere Windungszahl. Das Gehäuse ist spitz kegelförmig, am oberen Ende convex conisch. Die Nähte sind sehr flach aber deutlich. Die Windungen sind kaum ge-wölbt, mit Ausnahme des letzten, sehr niedrigen Umgangs, welcher etwas gerundet ist. Die Form zeigt, bei einer Länge von ungefähr 20 mm, 6 Umgänge und 6—7 mm Breite. Die Grösse kann jedoch eine beträchtlichere werden, indem ein Bruchstück, welches nur die 2 letzten Umgänge zeigt, die gleiche Länge erreicht und etwa 8 mm Breite hat. Nach den Stein-

kernen zu urtheilen, war die Spindelfalte kräftig entwickelt.
Die Mündung war spitz eiförmig und sehr kurz. Die Schale
war glatt. *L. subpolita* findet sich bei Brunnstatt selten. In
etwas unsicheren Resten kenne ich sie ferner von Rixheim
und aus den Hornsteinknollen von Riedisheim.

16. *Limnea* cf. *crassula* DESH. *Tf. III, Fig. 11 a, b.*
Eine kleine, bauchige *Limnea* mit tiefen Nähten liegt mir von
Kötzingen vor. Dieselbe ist meist nur 7 mm lang, 5 mm
breit und hat 4 Umgänge; dass dieselbe viel grössere Dimensionen erlangen kann, ist aus einigen Steinkernenfragmenten des
gleichen Fundortes zu ersehen. Eines derselben, welches nur
2 Umgänge hat, misst 13 mm. Diese *Limnea* ist der *L. olivula*
von Buchsweiler nicht unähnlich, gleicht aber noch mehr der
L. crassula DESH. aus dem Obereocän von Cherry-Chartreuve.
Sehr kleine Steinkerne (3—4 mm) von Rixheim, welche GREPPIN
als *L. ovum* BRG. bestimmte, dürften auch hierher gehören. Eine
sichere Bestimmung war deshalb unmöglich, weil die Mündung
unbekannt ist.

17. *Glandina* cf. *costellata* Sow. sp. Ein Bruchstück
einer grossen Glandine sammelte ich bei Klein-Kembs. Die feine,
gekörnelte Sculptur erinnert an diejenige der *Gl. costellata* Sow.
sp. aus dem Bembridge-Kalk und von Villeneuve.

Heliceen kommen im Melanienkalk mehrere Arten vor, welche
alle recht selten sind. MERIAN erwähnt deren drei ohne Benennung mit
folgender Charakteristik:

sp. a. «Gross, gewöhnlich plattgedrückt, mit Spuren eines Bandes,
25 mm Durchmesser, 4—4 1/2 Windungen.»

sp. b. «Kleiner, 10 mm, 4—4 1/2 Windungen, ziemlich flach.»

sp. c. «Ganz klein, 4—5 Windungen, kegelförmig aufgerollt. Der
Abdruck der Schale ist gerippt oder fein gestreift.»

18. ? *Strobila pseudolabyrinthica* SANDB. In die
Nähe von dieser Art dürfte vielleicht die von DELBOS erwähnte

Helix labyrinthica Say. gehören und diese würde dann der sp. c. von Merian entsprechen. Die in Nord-Amerika recente *St. labyrinthica* Say. steht der obercocänen *St. pseudolabyrinthica* Sand. (Headon-Hill S.) nahe, und diese wiederum der noch wenig bekannten *St. sublabyrinthica* F. Edw. aus den Bembridge Series, mit welcher sie vielleicht sogar ident ist. Ich beobachtete nur einen kleinen Abdruck, welcher die erforderliche Sculptur und 5 Umgänge zeigte bei Nieder-Spechbach, als weiterer Fundort wäre Brunnstatt zu nennen.

19. **Helix sp.** ined. *Tf. III, Fig. 4 a, b.* Von Delbos und von Greppin wird *Helix* resp. *Nanina occlusa* F. Edw. sp. von Brunnstatt erwähnt. Ich habe dieselbe bisher niemals von dort gesehen. Hingegen liegt mir ein vereinzelter Steinkern von diesem Fundpunkte vor, welcher etwa die Grösse der *N. occlusa* hat und welcher, wenn er plattgedrückt wäre oder sich nicht aus der Gesteinsmasse herauslösen liesse, wohl mit dieser verwechselt werden könnte. Unsere Abbildung *Tf. III, Fig. 4* zeigt jedoch, dass wir es mit einer anderen Species zu thun haben, indem schon allein der viel stärkere Kiel dieselbe leicht von *N. occlusa* unterscheidet. Da die Mündung mir unbekannt ist, muss ich auf die nähere Fixirung der Art verzichten und möchte nur darauf aufmerksam machen.

20. **Nanina Köchlini** n. sp. (Wahrscheinlich die Species a von Merian) *Tf. III, Fig. 3—3d.* Aus dem Kalk von Brunnstatt liegen mir 6 mehr oder weniger gute Steinkerne einer schönen, grossen *Nanina* vor. Der Durchmesser beträgt 20 bis 25 mm, die Höhe gegen 12 mm und die Anzahl der Umgänge beläuft sich auf 4—5. Das Gehäuse ist ziemlich weitläufig aufgewunden, niedergedrückt, oben flach gewölbt und war auf der Unterseite jedenfalls verdeckt genabelt, wie dies der Eindruck am Steinkern (*Fig. 3b, Tf. III*) andeutet. Auf dem Steinkerne erscheint der Nabel fein stichförmig. An der Peripherie war

III. 6

die Schale ohne jedwede Kielandeutung spitz zugerundet. Die
Nähte sind sehr flach und die Umgänge sind mit sehr feinen,
unregelmässigen Anwachslinien bedeckt. Die schräge Mündung
besass, mit Ausnahme des umgeschlagenen Spindelsaumes, scharfe
Ränder. Die nächst verwandte, fossile Art dürfte *Nanina intri-
cata* NOUL. sp. sein, dieselbe ist jedoch nicht so flach und
überhaupt gedrungener als *N. Koechlini* und findet sich im
Unteroligocän von Mas Saintes Puelles und Villeneuve.

21. *Megalomastoma mumia* LMK. sp. (= *Cyclostoma
Koechlinianum* MERIAN, in SANDB., L. Sw. C., pg. 326, Tf. XVIII,
Fig. 10, als *Megalom. Koechlinianum* MER. sp.) Auf diese im
Melanienkalk so häufig vorkommende *Megalomastoma* wurde von
MERIAN zuerst hingewiesen; er nannte dieselbe *Cycl. Koechlinianum* und gibt folgende Beschreibung: „Ausgewachsen mit 7
Windungen, 18¹/₂ mm lang. Aehnlich dem *C. Mumia* LMK.
aus dem Pariser Süsswasserkalk“. Spätere Autoren, wie DELBOS
und GREPPIN, vereinigen dieselbe mit *M. mumia*, während SAND-
BERGER dieselbe noch als eigene Species festhält. Derselbe sagt
in seinen Land- und Süssw.-Conch., pg. 326: „Schon von MERIAN
wurde die Aehnlichkeit mit *M. mumia* hervorgehoben, sie ist
in der That sehr gross, doch zeigt *M. Koechlinianum* 9 statt
8 flachere, an der Naht kantige Umgänge, eine weit feinere
Sculptur und auch die Ränder der Mündung sind viel weniger
stark ausgebreitet als bei *M. mumia*.“ Beim Vergleich einiger
Exemplare aus dem Grobkalk mit einer grossen Zahl von Stücken
aus dem Melanienkalk konnte ich keinen wesentlichen Unterschied finden, der mich veranlasste die beiden Arten zu trennen.
1. Was die Anzahl der Windungen betrifft, so ist der von
SANDBERGER angegebene Unterschied nicht stichhaltig. SAND-
BERGER sagt selbst an anderer Stelle, bei Beschreibung der
M. mumia, die Schale „besteht aus 9 flach gewölbten an den
Nähten gerandeten Umgängen“. Bei den Grobkalk-Exemplaren

sind allerdings häufig die Spitzen abgebrochen, während sie bei
den Stücken aus dem Melanienkalk in der Regel erhalten sind.
2. Dass die Umgänge bei *M. Koechlinianum* flacher sind als
M. mumia, konnte ich bei gut erhaltenen Exemplaren nicht
wahrnehmen, höchstens hat dies den Anschein bei den so häufig
platt gedrückten Individuen. 3. Die eine Art hat an der Naht
kantige, die andere gerandete Umgänge; auch hier war es mir
nicht möglich, einen Unterschied zu constatiren. 4. Die Sculptur
ist bei meinen Exemplaren durchaus gleich. 5. Schliesslich sind
auch die Mündungsränder gleich weit ausgebreitet, wovon ich
mich namentlich durch Vergleichung von Wachsabdrücken der
Mündung von *M. mumia* mit entsprechend grossen, nicht defor-
mirten Steinkernen der *M. Koechlinianum* überzeugte. Meistens
lässt allerdings die schlechter erhaltene *M. Koechlinianum* fast
nichts von den Mündungscharakteren erkennen. Als einzigen
Unterschied möchte ich geltend machen, dass die Exemplare
aus dem Brunnstatter-Kalk, abgesehen von der Variabilität,
durchschnittlich etwas kleiner und dünnschaliger? (vielleicht
Erhaltungszustand z. Th.) sind, als die Pariser Stücke. Man
könnte hierauf kaum eine Varietät begründen. Wir schliessen
uns deshalb der Ansicht von DELBOS und GREPPIN an und
bezeichnen die *Megalomastoma*-Art aus dem Melanienkalk als
M. mumia LMK sp.

Das Auftreten dieser Art im Melanienkalk ist durchaus nicht
befremdend. *M. mumia* findet sich im oberen und mittleren
Grobkalk in den Sables moyens und reicht hinauf bis in den
Bembridge-Kalkstein. Aus dem Melanienkalk kenne ich sie von
**Klein-Kembs, Brunnstatt, Rixheim, Flaxlanden,
Spechbach** und **Mülhausen (Tannenwald)** überall häufig.

22. *Auricula (Alexia) alsatica* MER., *Tf. III, 12 a—c.*
Von SANDBERGER als *Melampus alsaticus* MER. sp. beschrieben
und abgebildet (pg. 325, Tf. XVIII, Fig. 8). Die Gattung *Melam-*

pus[1] besitzt einen scharfen äusseren Mundsaum, was bei *A. alsatica* nicht der Fall ist. Man erkennt deutlich die umgeschlagene Lippe, wenn die Steinkerne noch im Gestein festsitzen und noch nicht losgebrochen sind. Die oceanische Gattung *Laimodonta*, mit welcher SANDBERGER *A. alsatica* ganz speciell vergleichen möchte, ist ebenfalls recht verschieden und namentlich durch ihre äussere Spiralsculptur gekennzeichnet, von der bei *A. alsatica* jede Spur fehlt. Die schwierige Frage ist nun, in welche Gruppe soll *A. alsatica* eingereiht werden. Indem wir dieselbe zu *Alexia* stellen, kommen wir in gewissem Grade wieder auf die alte MERIAN'sche Ansicht zurück, welcher *A. alsatica* mit *A. myosotis* vergleicht. Hierbei ist jedoch festzuhalten, dass manche fossilen Alexien, namentlich die älteren (im Oligocän), von den recenten und jüngeren Formen abweichen und sich der Gattung *Pythiopsis* nähern. Sie zeigen grosse Neigung zur Compression des Gehäuses. Zu diesen Formen, zu welchen z. B. auch die *Alexia depressa* BÖTTG. aus dem Cyrenenmergel und die *A. Böttgeri* MEY. aus dem Meeressand gehören, möchte ich auch die *A. alsatica* rechnen.

Das von vorn nach hinten comprimirte Gehäuse wird meist gegen 12 mm lang, gegen 6 mm breit und gegen 4 mm dick. Es besitzt 7 flache Umgänge, welche durch gerandete Nähte getrennt sind, und hat eine dünne, fein gestreifte Schale. Auf dem letzten Umgange befindet sich, der Mündung gegenüber, ein schräger Wulst. Dieser Wulst, welcher eine periodische Mündung andeutet, erscheint auf der letzten Windung des Steinkernes als Furche. Er entspricht den längs der ganzen Peripherie der Schale ver-

---

1. Die Eintheilung der Auriculiden von ADAMS in zwei grosse Abtheilungen nach der Beschaffenheit des äusseren Mundrandes in: 1) Melampidae mit scharfer, 2) Auriculidae s. s. mit verdickter oder umgeschlagener äusserer Lippe, ist unzulässig und wurde nicht beibehalten. *Melampus* ist also nur als Gattungsname gebraucht.

laufenden Varices von *Pythiopsis*. Die Scheidewände der älteren Windungen werden im Innern, wie bei den anderen Alexien, beim Weiterwachsen vollständig resorbirt. Der rechte Mundsaum ist lippenartig verbreitert und verdickt; in der Mitte zeigt er einen sehr schwachen, schräg nach Innen laufenden Schmelzzahn. Eine Neigung zum Umschlagen des Perisoms ist auch bei anderen Alexien vorhanden. Auf der Mündungswand steht oben eine kleinere, darunter eine kräftige, mehr horinzontale Falte, hierauf folgt die Spindel mit einer dritten Falte. Die Art findet sich meist nur in Steinkernen, selten mit erhaltener Schale. Sie ist ziemlich häufig bei B r u n n s t a t t, selten bei K l e i n - K e m b s[1].

23. *Auricula* (*Alexia*) *sundgoviensis* n. sp. *Tf. III, Fig. 13 — 15.* Obwohl ich die MERIANsche *A. protensa* neben der *A. alsatica* nicht auffinden konnte, so überzeugte ich mich doch von dem Vorhandensein noch einer anderen Art im Melanienkalk. Diese Art, welche ich einstweilen auch zu *Alexia* stelle, ist kleiner, seltener und noch nicht vollständig gekannt. Das Gehäuse ist ähnlich demjenigen der *A. alsatica*, jedoch etwas schwächer comprimirt. Die Spitze bildet einen stumpferen Kegel als bei dieser Art. Exemplare von 3 mm zeigen bereits 5 Um-

---

1. Von MERIAN werden zwei *Auricula*-Arten aus der Gegend von Mülhausen angeführt.

1) *A. alsatica* « ausgewachsen 7 Windungen, 13—13,5 mm lang, 6 mm breit. Aehnlich der in der Provence und Italien lebenden *A. myosotis*. Häufig.»

2) *A. protensa* MER. « 10,5 Windungen, 14,5 mm lang, 4 mm breit. Zeigt eine lange ausgebreitete Lippe und eine Rinne auf den Windungen der Steinkerne. Selten.»

GREFFIN identifizirt die *A. protensa* MER. mit der *A. depressa* DESH. und die *A. alsatica* mit der *A. Dutemplei* DESH. Nach dem mir vorliegenden Material, welches auch die von GREFFIN gesammelten Stücke enthält, scheinen alle grösseren Exemplare zu einer und derselben Art zu gehören, soweit es mich der zuweilen schlechte Erhaltungszustand beurtheilen lässt. Eine Identifizirung mit den sehr seltenen Arten des Pariser Beckens halte ich für unstatthaft. Abbildung und nähere Beschreibung der MERIANschen Originale wäre sehr wünschenswerth.

gänge (Fig. 13), welche eben so flach erscheinen wie bei der vorigen Art. Die Anzahl der Spindelfalten ist grösser. Es stehen auf der Mündungswand 2 kleinere Falten oberhalb der Haupt-falte, und zwischen dieser und der Falten tragenden Spindel ist noch eine schwache Faltenandeutuug eingeschaltet (Fig. 14 *a*). Am wichtigsten ist jedoch der Unterschied, dass der äussere etwas umgeschlagene Mundrand im Inneren 3 Schmelzzähne trägt (Fig. 13, 14 *b*, 15). Die abgebildeten Exemplare wurden aus einem Kalkstück von Brunnstatt herauspräparirt.

24. *? Cyclas* sp. Von MERIAN folgendermassen angeführt: „Nur einmal gefunden, Wirbel nicht sehr excentrisch, ziemlich starke Falten auf dem Steinkern." Vielleicht eine *Cyrena*, welche sich in den Steinmergeln von Efringen und Istein in Baden gleich über dem Melanienkalk findet.

Wir haben auf den vorstehenden Seiten gesehen, dass die
geologischen Verhältnisse des Melanienkalkes durchaus keine
ganz einfachen sind, und auch die organischen Reste, welche
derselbe umschliesst, lassen in mancher Hinsicht zu wünschen
übrig. Es kann uns aus diesem Grunde nicht auffallen, wenn
namentlich in früherer Zeit eine grosse Unsicherheit über sein
genaues geologisches Alter herrschte. Merian und Heer be-
trachteten den Melanienkalk als Miocän (resp. Ob. Oligoc.).
Sie nahmen an, dass derselbe die an vielen anderen Punkten
im Sundgau vorhandenen, den Melanienkalk umgebenden, marinen Thone und Sandsteine des Oligocäns (Tongrien) überlagere.
Diese Ansicht, welche vom rein geologischen Standpunkte aus
ganz plausibel erscheint, liess sich mit den palaeontologischen
Befunden nicht in Einklang bringen, namentlich nicht nachdem der
Steinbruch bei Brunnstatt Reste von *Palaeotherium medium*
geliefert hatte. Delbos vertrat zuerst in seiner Beschreibung
des Dép. du Haut-Rhin mit grosser Bestimmtheit die Ansicht,
dass der Melanienkalk eine vortongrische Bildung sei. Er ver-
wies denselben in das Obereocän. Greppin schliesst sich der
Ansicht von Delbos an, er stellt den Melanienkalk in das Obereocän und parallelisirt denselben mit der oberen Bohnerzformation
(Fauna von Moutier, Mauremont, Ober-Gösgen etc.).
In Sandberger's Ld. u. Sw. C. hingegen finden wir den Melanienkalk als jüngstes Unteroligocän abgehandelt, und es wird
sogar die Möglichkeit offen gelassen, dass derselbe zum Mitteloligocän gehört.

Rufen wir uns in das Gedächtniss zurück, dass der Melanienkalk einerseits direkt auf dem oberen Jura (bei Morvillars), andererseits auf Bohnerzthonen (bei Klein-Kembs) oder auf unbestimmten Mergeln (Puits, Heidet etc.) aufruht, ferner dass derselbe im Elsass von Gyps bei Zimmersheim (Unt. Oligoc.), von Blättersandstein und Melettaschichten (Mit. Oligoc.), in Baden, nach den Untersuchungen von SANDBERGER und SCHILL, von Sandstein mit *Natica crassatina* bedeckt wird, so bleibt uns schliesslich nur noch die Wahl zwischen Unteroligocän und Obereocän übrig. An ein höheres Alter können wir wegen der grossen Verschiedenheit der Buchsweiler und der Brunnstatter Fauna nicht denken; zumal, da in nicht allzuweiter Entfernung von Basel, bei Hobel, der Buchsweiler-Kalk mit *Pl. pseudammonius* ansteht. Die Entscheidung der Frage, ob wir den Melanienkalk als oberstes Eocän oder als tiefstes Oligocän ansprechen sollen, ist jedenfalls eine mehr oder weniger von individuellen Anschauungen abhängige. Ich möchte mich zu der ersteren Ansicht bekennen, theils um die bisher im Lande übliche Bezeichnung als Eocän beizubehalten, theils weil es mir am zweckmässigsten erscheint, die Grenze zwischen Oligocän und Eocän im Elsass dahin zu verlegen, wo die Süsswasserbildungen vollständig den marinen oder stark brackischen Bildungen weichen müssen.

Bei dieser Discussion gewinnt der Gyps von Zimmersheim eine gewisse Bedeutung. Er überlagert im Elsass die Schichten des Melanienkalkes (cf. Fig. 2). Analoge Gypsvorkommnisse in Baden, bei Bamlach und Wasenweiler[1],

---

1. Auch das Gypsvorkommen von Hattstatt unweit Colmar dürfte hierher gehören. Der Gyps ist jetzt nicht mehr aufgeschlossen, doch fanden sich in den Aeckern noch Stücke von plattigem, hellem Mergelkalk, der den Gyps überlagern soll. Dieses Gypsvorkommen wäre das nördlichste und würde somit die ungefähre Nordgrenze der von Süden her eindringenden Meeresbucht andeuten, in welcher die Gypsbildung zur Unteroligocänzeit sich vollzog.

welche Sandberger und Prof. Benecke für gleichalterig ansehen, werden von mitteloligocänen Schichten überlagert[1]. Diese
unteroligocänen Gypse würden dann, nebst den Gypsen des
Terrain sidérolitique von Delsberg, wie Greppin und Hébert
dies schon ausgesprochen haben, z. Th. den Montmartre-Gypsen
entsprechen. Der Melanienkalk liegt aber unter diesen Gypsen
oder könnte höchstens als Süsswassereinlagerung an deren Basis
aufgefasst werden, falls ihn die schwarzen Gypsmergel im Bohr-
loch von Dornach unterteufen.

Sollte es sich ferner vielleicht herausstellen, dass die so
fraglichen „marnes à cyrènes" mit ihren schlecht erhaltenen
und daher noch nicht ganz sicheren Fossilresten den nicht un-
ähnlichen Mergelkalken von Istein mit *Mytilus socialis* A. Br.[2]
und der Rütireingrube bei Efringen mit *Cyrena semi-
striata* Desh. gleichalterig sind, so würden auch diese in das
Bereich des Unteroligocän's fallen. Ihre nicht zu leugnenden
Beziehungen zum Melanienkalk, welchen sie direkt überlagern,
und ihr Fehlen über den jüngeren Tertiärgebilden der Mülhauser
Gegend wären dann verständlicher.

Um noch mit wenigen Worten auf die Fauna zurück-
zukommen, so erscheint mir auch hiernach die Stellung im
obersten Eocän zulässig. *Pal. medium* ist eine Form, welche

1. Sandb., L. Sw. C., pg. 283. «Die Ueberlagerung des Gypses von Wasenweiler durch Sandstein mit Dicotyledonen-Blättern, welche sich in gewissen Lagen
des mitteloligocänen Sandsteins mit *N. crassatina* im Breisgau wiederholen, beweist
jedenfalls, dass dieser jünger ist.»

2. Die Exemplare von *M. socialis* in den hellen, graugelben Steinmergeln von
Istein, welche mir vorliegen, stimmen ganz mit denjenigen aus dem Cerithienkalk
von Hochheim (Unt. mioc.) überein. Ein Stück des gleichen Steinmergels, das von
Efringen stammt und Cyrenenabdrücke enthält, besitze ich gleichfalls. Von den
elsässer Steinmergeln mit Cyrenen habe ich nur ein sehr ungenügendes Material
in der Mülhauser Sammlung gesehen.

gerade für die Grenzschichten des Oligocän's und Eocän's bezeichnend ist. Die Conchylienfauna hat den gleichen Charakter.
Die häufigsten Arten sind *Melania Laurae* und *Megalomastoma
mumia*. Erstere bietet uns keine weiteren Anhaltspunkte dar;
sie gehört zu einer Gruppe, welche im Obereocän beginnt und
bis in das Miocän reicht. Die zweite Art hingegen ist grade
für das Obereocän besonders wichtig; sie beginnt im Mitteleocän und reicht bis in das Unteroligocän hinauf. Die anderen
Arten sind meist weniger häufig und charakteristisch. Sie zeigen
Anklänge, einerseits an das Obereocän, anderersits an das Unteroligocän und sind zum Theil auf den Melanienkalk beschränkt,
wie z. B. die schlanken Limneen aus der Gruppe der *L. glabra*.

Auf der Schlusstabelle sind die interessanten Beziehungen der Faunen des Melanienkalkes und des Buchsweiler-Kalkes zur Anschauung gebracht. Bemerkenswerth ist,
dass bei der verhältnissmässig geringen Altersdifferenz die
meisten Genera und wohl alle Arten verschieden sind. Dieser
Umstand spricht für einen Unterschied in der Facies. B u c h s -
w e i l e r hat 22 Genera, der M e l a n i e n k a l k 13 (ausser der ?
Nematura). Gemeinsam sind 7, *Limnea*, *Planorbis*, *Hydrobia*,
Glandina, *Nanina*, *Helix* und *Megalomastoma*. Für den M e -
l a n i e n k a l k sind bezeichnend *Melania*, *Melanopsis*, *Valvata*,
Megalomastoma und *Auricula*; für den Kalk von B u c h s -
w e i l e r *Planorbis*, *Paludina*, *Euchilus*, *Glandina* etc. Wenn
Nanina occlusa, wie ich vermuthe, im Melanienkalk fehlt,
so hätten beide Faunen keine Art gemeinsam[1]. B u c h s w e i l e r
ist etwas artenreicher wie B r u n n s t a t t , K l e i n - K e m b s etc.;

---

1. Der etwas jüngere Kalk vom B i s c h e n b e r g tritt gleichsam vermittelnd auf.
Er enthält neben *P. pseudammonius* (hh.), *Megalomastoma* cf. *mumia* (ss.).
Auch findet sich am B i s c h e n b e r g vorwiegend *L. olivula*; die gleiche Art ist selten
bei B u c h s w e i l e r und wird im Melanienkalk durch *L. crassula* vertreten.

erstere Lokalität hat etwa 30, die anderen etwa 24 Species. Die Fauna von Mülhausen ist, wie schon erwähnt wurde, nicht so rein limnisch wie die von Buchsweiler. Auch trägt sie einen allgemeineren Charakter und steht nicht so isolirt da, denn der Melanienkalk weist nur 8 sichere, ihm allein eigenthümliche Formen auf, während Buchsweiler (incl. der gleichalterigen rheinischen Vorkommnisse) fast die dreifache Zahl besitzt.

Vergleichende Uebersicht der Genera des Melanienkalkes und des Buchsweiler-Kalkes.

Bei dem Vorkommen einer einzelnen Sp. ist der Name, sonst die Sp. Anzahl angegeben.

	Dem Melanienkalk eigenthümliche Formen sind mit X bezeichnet.	Melanienkalk i. Ob.-Els. mit Palaeotherium medium.	Buchsweiler-Kalk i. Ut.-E. mit Lophiodon tapiroides etc.
1.	Neritina	brevispira X	
2.	Melania	Laurae	
3.	Melanopsis	2 sp.	
4.	Valvata	circinata X	
5.	Paludina	?	2 sp.
6.	Euchilus		Deschienslanum.
7.	Nystia	polita	
8.	Hydrobia	indifferens X	2 sp.
9.	Planorbis	2 sp. (1 sp.)	pseudammonius.
10.	Segmentina	1 sp. ined.	Chertieri.
11.	Limnea	3 sp. (2 sp. X).	3 sp.
12.	Succinea (Brachyspira)		polliolum.
13.	Parmacellina		vitrinaeformis.
14.	Boltenia		teres.
15.	Glandina	1 sp. ined.	3 sp.
16.	Cionella		formicina.
17.	Azeca		Böttgeri.
18.	Pupa	?	Buxovillana.
19.	Palaeoxton		Fontenayi.
20.	Clausilia (Canolicia)		densicostulata.
21.	Nanina	Köchlini X	2 sp.
22.	Helix	2 sp.	laxecostulata.
23.	Patula		oligogyra.
24.	Megalomastoma	mirabile	turgidum.
25.	Strophostoma		striatum.
26.	Pomatias		Sandbergeri.
27.	Carychiopsis		quadridens.
28.	Auricula	2—3 sp. X	
29.	Cyclas	1 sp. ?	Calyculina Castrense.

LEBENSLAUF.

Geboren wurde ich, Achilles Andreae, evangelischer Confession, Sohn des Banquiers Achilles Andreae und der Alharda Andreae, geb. Freiin von der Borch, am 14. November 1859 zu Frankfurt a. M.

Ich besuchte 9 Jahre lang die Realschule I. Ordnung meiner Vaterstadt, und verliess dieselbe nach erlangtem Zeugniss der Reife im April 1879.

Mich dem Studium der Naturwissenschaften widmend, hielt ich mich der Reihe nach an folgenden Universitäten auf:

in Strassburg i./E. 3 Semester,
in Berlin 1 Semester,
in Bonn 1 Semester,
in Strassburg i./E. 3 Semester.

Den Hauptgegenstand meines Studiums bildete die Geologie und ihre verwandten Wissenschaften.

Während meiner vierjährigen Studienzeit waren meine Lehrer die Herren:

De Bary, Benecke, Cohen, Fittig, Götte, Groth, Rose, Schmidt, Steinmann in Strassburg,

Beyrich, Dames, von Martens, Roth in Berlin,

Kekulé, Klinger, von Lasaulx, Schlüter in Bonn.

Allen diesen meinen hochverehrten Lehrern spreche ich hierdurch meinen besten Dank für die mir von ihnen zu Theil gewordene Belehrung und Anregung aus.

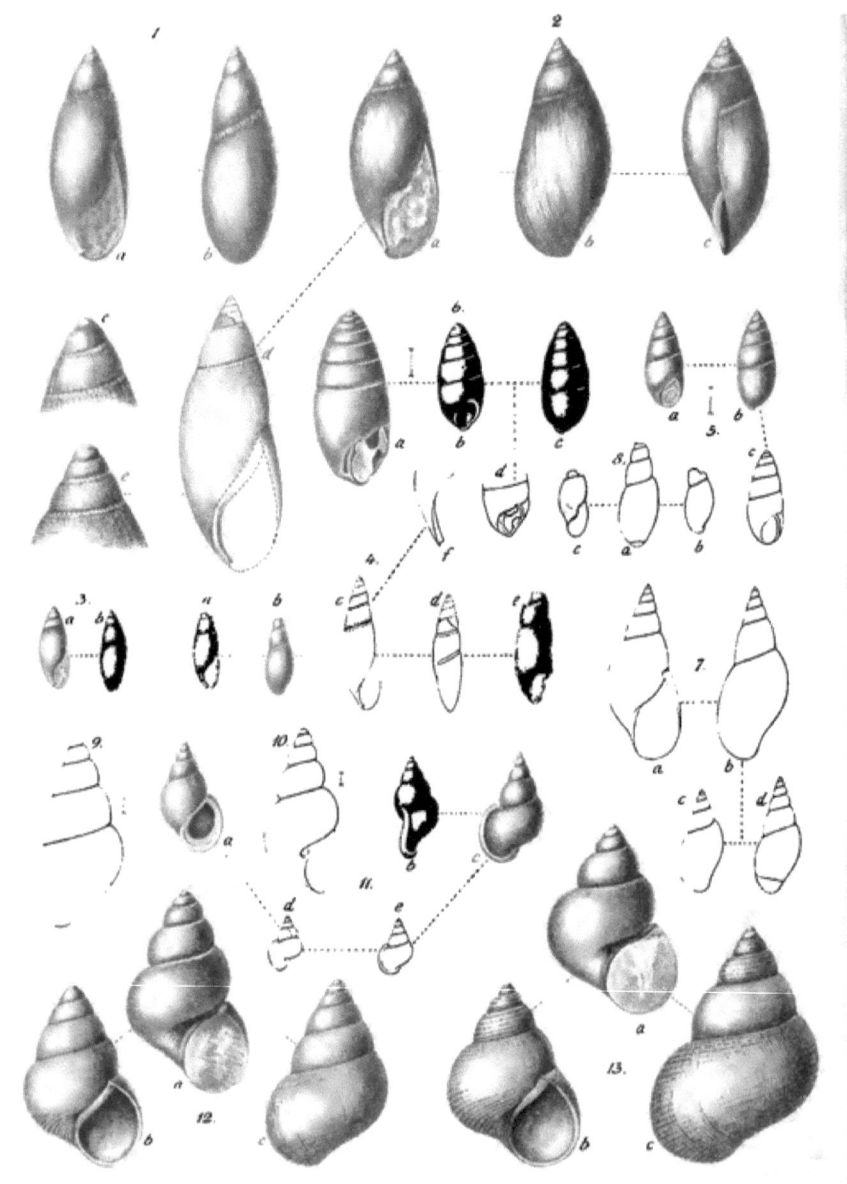

Lith.v.Werner u.Winter, Frankfurt a M.

Taf. I.

1. *Glandina rhenana* n. sp.

    a u. *b* $^1/_1$; nat. gr.; *c* Embryonalende vergr. Buchsweiler. Mittleres Eocän.

2. *Glandina Cordieri* Desh. sp.

    a von vorn $^1/_1$; *b* u. *c* anderes Exemplar von hinten u. von der Seite $^1/_1$; *e* Embryonalende vergr. Buchsweiler. Mt. Eoc.

2d. *Glandina Cordieri* Desh. sp. var. *elongata* n. v.

    $^1/_1$ z. Th. ergänzt. Buchsweiler. Mt. Eoc.

3. *Glandina Deeckei* n. sp.

    a u. *b* $^1/_1$. Buchsweiler. Mt. Eoc.

4. *Boltenia teres* Rouis sp.

    a, *b*, *c* Steinkerne $^1/_1$; *c*, *d* Exemplare mit Schale nach dem Abdruck ergänzt $^1/_1$, Spitze noch unbekannt; *f* Spindel verg. Buchsweiler. Mt. Eoc.

5. *Cionella formicina* Rouis sp.

    a, *b* Steinkern verg.; *c* Exemplar mit Schale verg. Buchsweiler. Mt. Eoc.

6. *Azeca Böttgeri* n. sp.

    a, *c* Steinkerne verg.; *b* Exemplar mit Schale verg.; *d* Mündung verg. Buchsweiler. Mt. Eoc.

7. *Limnea Michelini* Desh.

    c, *d* Steinkerne $^1/_1$; *b* Exemplar mit Schale z. Th. ergänzt. Buchsweiler. Mt. Eoc.

8. *Limnea* sp. ined.

    a, *b*, *c* Steinkerne $^1/_1$; *a* etwas deformirt. Buchsweiler. Mt. Eoc.

9. *Hydrobia* sp.

    Steinkern vergr. Bischenberg. Mt. Eoc.

10. *Hydrobia* (?) sp.

    Steinkern vergr. Buchsweiler. Mt. Eoc.

11. *Euchilus Deschiensianum* Desh. sp.

    a, *b*, *c* Exemplare mit Schale vergr.; *e* desgleichen $^1/_1$; *d* Steinkern $^1/_1$. Buchsweiler. Mt. Eoc.

12. *Paludina* (*Vivipara*) *Orbignyana* Desh.

    a Steinkern $^1/_1$; *b* Exemplar mit Schale, Mündung ergänzt; *c* Exemplar mit Schale $^1/_1$. Buchsweiler. Mt. Eoc.

13. *Paludina* (*Vivipara*) *Hammeri* Defr.

    a Steinkern $^1/_1$; *b* Exemplar mit Schale, Mündung ergänzt; *c* Exemplar mit Schale nach einem grossen Steinkern ergänzt. Buchsweiler. Mt. Eoc.

Taf. II.

1. *Pupa Buxovillana* n. sp.
   a, b Steinkern verg.; *c* Exemplar mit Schale nach dem Abdruck ergänzt verg. Buchsweiler. Mittleres Eocän.

2. *Palaeostoa Fontenayi* ROUIS sp.
   a Steinkern etwas verg.; *b* normales Bruchstück eines Steinkernes etwas verg.; *c* Spitze, Copie nach Sandberger — Land- u. Süssw. Conch. d. V. — Tf. 13, Fig. 19, als Clausilia crenata Sandbg.; *d* Exemplar mit Schale '/₁; *e* Exemplar mit Schale restaurirt u. vergr.; *f* Spindel vergr. Buchsweiler. Mt. Eoc.

3. *Clausilia (Canalicia) densicostulata* SANDBG.
   a, b, d Steinkernfragmente vergr.; *c* Fragment mit Schale vergr. (Copie aus Sandbg. L. Sw. C. d. V., Tf. 13, Fig. 20). Buchsweiler. Mt. Eoc.

4. *Strophostoma striatum* DESH.
   a, b, c '/₁, Die Sculptur ist nach dem am besten erhaltenen Exemplare gezeichnet, dieselbe ist meistens etwas schwächer. Buchsweiler. Mt. Eoc.

5. *Megalomastoma turgidum* ROUIS sp.
   a Exemplar mit Schale '/₁; *b, c* Exemplar mit Schale z. Th. ergänzt u. vergr. Buchsweiler. Mt. Eoc.

6. *Pomatias Sandbergeri* NOUL.
   a, b Exemplar mit Schale vergr., die Mündung nach dem Abdruck ergänzt. Buchsweiler. Mt. Eoc.

7. *Carychiopsis quadridens* n. sp.
   a, b Steinkern vergr. Buchsweiler. Mt. Eoc.

8. *Limnea olivula* ROUIS.
   a Steinkern vergr. Buchsweiler. Mt. Eoc.

8 *b, c, d. Limnea olivula* ROUIS.
   '/₁ mit Schale ergänzt nach Steinkernen vom Bischenberg. Ut. Els. Mt. Eoc.

9. *Planorbis pseudammonius* v. SCHLTH. sp.
   '/₁ *a* von oben; *b* von unten; *c* Durchschnitt. Buchsweiler. Mt. Eoc.

10. *Planorbis pseudammonius* v. SCHLTH. sp. *forma obtusa* n. f.
    a, b Exemplar mit Schale '/₁; *c, d* junge Exemplare '/₁.

11. *Planorbis pseudammonius* v. SCHLTH. sp. typ.
    a, b ältere '/₁; *c, d* junge Exemplare '/₁. Buchsweiler. Mt. Eoc.

12. *Planorbis pseudammonius* v. SCHLTH. sp. *var. angigyra* n. v.
    a, b Steinkerne von alten '/₁; *c, d* von jungen Exemplaren '/₁. Buchsweiler. Mt. Eoc.

13. *Planorbis pseudammonius* v. SCHLTH. sp. *var. Leymeriei* DESH.
    Sculptur vergrössert. Buchsweiler. Mt. Eoc.

14. *Planorbis Chertieri* DESH.
    a, b Steinkerne '/₁; *c* desgl. vergr. ²/₁ n. gr. Buchsweiler. Mt. Eoc.

15. *Helix laxecostulata* SANDBG.
    a, b, c Steinkerne '/₁; *d* Sculptur vergr. Buchsweiler. Mt. Eoc.

16. *Nanina occlusa* F. EDW. sp.
    a, b, c, d Typ. Steinkerne '/₁; *e forma conica* n. f. '/₁. Buchsweiler. Mt. Eoc.

17. *Nanina Voltzi* DESH. sp.
    a, b, c, d Exemplare mit Schale '/₁. Buchsweiler. Mt. Eoc.

18. *Patula oligogyra* n. sp.
    b, c Steinkerne ²/₁ n. gr.; *d, e* Exemplar mit Schale nach dem Abdruck ergänzt ²/₁ n. gr.; *a* Steinkern von der Seite '/₁ n. gr. Buchsweiler. Mt. Eoc.

19. *Succinea palliolum* ROUIS.
    a, b, c Steinkerne '/₁; *d, e* Exemplar mit Schale vergr. Buchsweiler. Mt. Eoc.

20. *Parmacellina vitrinaeformis* SANDBG.
    e, d Steinkern vergr.; *a, b, c* Exemplare mit Schale verg. Buchsweiler. Mt. Eoc.

Taf. III.

1. *Hydrobia* cf. *Websteri* Morr.
   3,3 mm. Dauendorf. Mittleres Eocän.

2. *Hydrobia Dauendorfensis* n. sp.
   3 mm. Dauendorf. Mt. Eoc.

3. *Nanina Köchlini* n. sp.
   ⁴/₁ a, b, c Steinkern nach mehreren Individuen ergänzt; d Reconstruktion. Brunn-statt. Oberes Eocän.

4. *Helix* sp. ined.
   a, b ¹/₁ Brunnstatt. Ob. Eoc.

5. *Hydrobia indifferens* Sand.
   2,5 mm. Steinkern. Brunnstatt. Ob. Eoc.

6. *Valvata (Amnicola?) circinata* Mer. sp.
   1,5 mm. Steinkern. Brunnstatt. Ob. Eoc.

7. *Limnea marginata* Sand.
   ¹/₁ Skizze nach Sandberger L. Sw. C. d. V., Taf. XVIII, Fg. 7. Klein-Kembs. Ob. Eoc.

8. *Limnea* cf. *fusiformis* Sow.
   ¹/₁ Steinkern. Kötzingen. Ob. Eoc.

9. *Limnea subpolita* n. sp.
   ¹/₁ a, b Steinkern; c anderer Steinkern z. Th. nach dem Abdruck ergänzt. Brunn-statt. Ob. Eoc.

10. *Limnea polita* Mer. ined.
    Steinkern etwas ergänzt mit Zuhülfenahme des Abdruckes. Brunnstatt. Ob. Eoc.

11. *Limnea* cf. *crassula* Desh.
    a u. b ¹/₁ Steinkerne. Kötzingen. Ob. Eoc.

12. *Auricula (Alexia) alsatica* Mer.
    a, b, c Steinkern vergrössert und nach verschiedenen Exemplaren etwas ergänzt. Brunnstatt. Ob. Eoc.

13—15. *Auricula (Alexia) sundgoviensis* n. sp.
    13 Steinkern = 3 mm.; 14 a, b Steinkern = 2,5 mm.; 15 Steinkern ¹/₁ n. gr. Brunn-statt. Ob. Eoc.

16. *Auricula* sp. juv.
    Steinkern = 2,3 mm. Brunnstatt. Ob. Eoc.

17. Canin (sup. sin.) von *Palaeotherium medium?* Cuv.
    ¹/₁ n. g. Rixheim. a von aussen; b von vorn; c Durchschnitt. Ob. Eoc.

18. Letzter Molar. (sup. sin.) von *Propalaeotherium Argentonicum* Gerv.
    ¹/₁ n. g. von Buchsweiler. A = aussen; I = innen; V = vorn; H = hinten. 18 a von oben gesehen; 18 b von aussen gesehen. Mt. Eoc.

19. Zweitletzter Molar. (sup. sin.) von *Propalaeotherium Argentonicum* Gerv.
    ¹/₁ n. g. mit abgebrochener Aussenwand. Buchsweiler. Mt. Eoc.

20. Zweitletzter Molar. (inf. dex.) von *Prop. Argentonicum* Gerv.
    ¹/₁ n. gr. Buchsweiler. Mt. Eoc.

21. a—c Reptilzähne von Buchsweiler. Mt. Eoc.